Alkali Diyet

Dr. Ayşegül Çoruhlu

okuyanus

okuyan us

Sağlık/Yaşam - 06

Alkali Diyet
Dr. Ayşegül Çoruhlu

ISBN: 978-605-4054-77-0
Yayıncı Sertifika No. 16208

I. Baskı: İstanbul, Nisan 2012
58. Basım: İstanbul, Şubat 2018

Yayın Yönetmeni: Cem Mumcu
Yayıma Hazırlayan: Seda Arıcıoğlu
Editör: Seda Arıcıoğlu, Pelin Özer

Kapak Tasarımı: Okuyan Us
Grafik Uygulama: Reyna Yiğit

Baskı ve Cilt: Şenyıldız Matbaacılık, Gümüşsuyu Cad., Işık San. Sit., C Blok, No: 19/102, Topkapı-İstanbul – Tel.: 0212 483 47 91
Matbaa Sertifika No. 11964

Kurucu: Cem Mumcu
Genel Müdür: Elif Çakırlı

Özgür Doğan, hep bizimlesin...

Adres: 19 Mayıs Cad. UBM Plaza, No. 37 Kat: 6
Şişli, İstanbul Tel.: (0212) 272 20 85 - 86

okuyanus@okuyanus.com.tr
www.okuyanus.com.tr

Alkali Diyet

Dr. Ayşegül Çoruhlu

okuyan us

İÇİNDEKİLER

SUNUŞ

Biz batı dünyası insanları, medeniyetin getirdiği olanaklardan yararlandıkça, yanlış beslenme ve çevresel faktörlerin katkısıyla kronik bir asitlenme etkisinde yaşıyoruz. Vücudumuzun asit tarafa doğru kaymış olması neredeyse kaçınılmaz hale geldi. Normalde insan vücudu hafif alkali olması için programlanmış bir organizmadır. Bizse, bugünkü beslenme alışkanlıklarımız ve çevresel yaşam şartlarımızla vücudumuzu bir anlamda asit ortamda yaşamaya zorluyoruz. Aslında bu konu yıllardır tıp insanları tarafından biliniyor, ama nedense halk tarafından pek bilinmiyor. Yıllar önce Almanya'da iç hastalıkları ihtisasımı yaparken, şefim Dr. West, özellikle osteoporozu olan hanımlara asit ağırlıklı beslenmeden korunacak şekilde beslenme ve yaşam tarzını öğretmemizi isterdi ve "Unutmayın, zaten kemikler kalsiyum kaybediyor, bir de vücut asit beslenmeyi dengelemek için kemiklerden kalsiyum çalmasın" derdi. Günlük hayatta eğer çok fazla asit ağırlıklı besleniliyorsa, vücut bu durumu dengelemek için devamlı bir çaba harcamak zorunda kalır.

Belki de şimdi kendi kendinize "Peki ben hayatımı altüst etmeden, bu durumu nasıl düzeltebilirim?" diye soruyorsunuzdur. İşte Dr. Ayşegül Çoruhlu bu kitabında, kolay anlaşılabilir bir dille size uygulayabileceğiniz yolları gösteriyor. Bu kitapta herkesin asit olduğunu bildiği limon suyunun insan vücudunda nasıl tam tersine alkali etki yaptığı gibi basit bilgilerden, idrarda asit ölçme tekniklerine varan ve profesyonel alanlara uzanan çok çeşitli bilgiler var. Bu bilgilerden yararlanırken, her zamanki uyarımı sizin için de tekrarlamak isterim: Beslenme ya da yaşam tarzınızda bir değişiklik yapacaksanız, en doğrusu bunu doktorunuza veya diyetisyeninize danışarak yapmanızdır.

Dr. Ayşegül Çoruhlu'yu 2002 yılında, İntermed'de, laboratuvarımızın şefi olarak görev aldığı günlerde tanıdım ve uzun yıllar boyunca çalışmalarını yakından izledim. Hem tıp doktoru, hem de biyokimya ve biyomedikal uzmanı olmanın birikimiyle, *anti-aging*, sağlıklı yaşam ve beslenme konularında her zaman gelişmeleri yakından takip eden ve inandığı doğru bilgileri hastalarına aktaran bir hekim olan Dr. Ayşegül Çoruhlu'nun çalışmaları daima yenilikleri yansıtmıştır. Kendisini candan kutluyorum.

Dr. Hasan İnsel
ESAAM - Avrupa Anti-Aging ve Önleyici
Tıp Derneği Kurucu Yönetim Kurulu Üyesi

ÖNSÖZ

Her sene yeni bir diyet önerisiyle karşılaşıyoruz. Atkins diyeti, kan grubuna göre diyet, taş devri diyeti, Dukan diyeti... Bu diyetlerden her biri farklı noktalara vurgu yapıyor. Ancak hepsinin göz ardı ettiği çok önemli bir nokta var: Vücudun asit-alkali dengesinin sağlanması.

Asit-alkali dengesi üzerine yapılan medikal çalışmalar, önerilen diyetlerin arkasında nasıl bir biyokimyasal mantık olması gerektiğini inceler. Hastalığa ve sağlığa, şişmanlığa ve zayıflığa giden yolda hep aynı biyokimyasal mantık işler: **Asit-alkali dengesi.** Biz milyarlarca hücrenin bir araya geldiği bir organizmayız. Tek tek her hücrenin sağlığı bu organizmanın genel sağlığını belirler. Hücrenin sağlıklı olmak için en çok ihtiyaç duyduğu şeyse asit artıklardan arınmış alkali ortamdır.

Hücre içinde işleyen doğal metabolik süreç sonucu asit artıklar oluşur, bu artıkların vücuttan atılması gerekir. Beslenme biçimimiz bu süreç üzerinde son derece önemli bir etkiye sahiptir. Yiyecek seçimimizi asit yükünü azaltacak, alkali yükünü artıracak şekilde düzenlersek kendi sağlığımıza en büyük iyiliği yapmış oluruz.

**Asitlenme farkında olmadığımız,
gizli saklı işleyen en önemli tehlikedir.**

Diyetlerin asit yükünü artıracak şekilde düzenlenmesi, bizi hedeflediğimiz sonuçtan uzaklaştırır. **Sadece kilo vermek için değil, sağlıklı bir hayat sürmek için de alkali ortam şarttır.**

Her şey hücre düzeyinde gerçekleşir.
Hücreler asit yüklü olduğunda sağlıklı fonksiyon gösteremez.
Asitlerin bir kısmı yağ depolarındaki hücrelerde depolanır.
Asitlenme oldukça yağlar erimez.

Alkali olarak kilo vermek henüz size yabancıysa, ileride bundan çok söz edileceğini, her bilinçli bireyin sağlıklı beslenmenin ana kuralının asit-alkali dengesini sağlamak olduğunu kavrayacağını hatırlatalım. Bu bilgiler pek yakında size de çok tanıdık gelecek ve siz de alkali olma çabası göstereceksiniz. Başlangıçta, belki de isteksizce, şekeri, unu, kolayı, tuzu bırakacaksınız. Bu yeni beslenme şeklinin fazla kilolarınızdan kurtulmanıza ve genel sağlığınıza katkılarını kendi üzerinizde izledikçe, siz de kolaylıkla alkali beslenme düzenine geçeceksiniz.

Umarım çok yakında asitlenmeye yol açan besinler market raflarından kalkacak. Doğrular yavaş yavaş ortaya çıkacak.

Bu kitaptaki bilgiler sağlıklı yaşamak ve sağlıklı kilo vermekle ilgili son sözler değil elbette, hâlâ keşfedilecek çok şey var. Ben de heyecanla araştırmalarımı sürdürürken bu yeni bilgileri takip ediyorum.

Dr. Ayşegül Çoruhlu

GİRİŞ

Modern Hayat Uğruna Ödediğimiz Bedeller

İnsan olarak bu kadar gelişmiş bir biyolojik sisteme sahipken, reflekslerimizin bir kurbağınınkine benzer olması ne acıklıdır. Bir kurbağayı içi soğuk su dolu bir kaba koyup suyla beraber ısıtırsak, kurbağa ısıya adapte olur. Onu pişiren su kaynadığında bile tepki vermez. Sürece alışmıştır, tehlikeyi fark etmez.

Aynı kurbağayı doğrudan kaynar suya atarsak, ânında zıplayıp kaçar. Âni şok etkisi!

Bir sorun olanca ağırlığıyla üstümüze çullandığında onu daha kolay fark ederiz. Yavaş yavaş gelişen zararlı durumlara ise kolayca adapte olur, onları görmezden geliriz.

Ama gerçekler,
biz onları görmezden geliyoruz diye ortadan kalkmaz!

Diyelim ki suyu kirli bir akvaryumumuz var.

İçindeki balık hastalandığında; balığı mı değiştirmeli, suyu mu?

Ortam her şeydir.

Bizim ortamımız nasıl?

Modern hayat bize ne getirdi, bizden ne götürdü?

Hazır yiyeceklerle dolu market rafları, hızlı üretilmiş GDO'lu sebzelerle dolu manavlar, bir metrekarede yaşayıp semirmiş hayvanlar, kimyasallarla temizlenmiş şehir suları, bolca ilaç... Bütün bunları görmezden gelip, hastalık ortaya çıktıktan sonra panikle koştuğumuz ileri (!) tedavi yöntemleri...

Kurbağadan ne farkımız var?

Suyu kirli akvaryumdaki balıktan ne farkımız var?

Ne yapacağız? Yeni fikirlerin kabulü için "ilaç" devlerinin yanlış yönlendirdiği tıp insanı neslinin değişmesini mi bekleyeceğiz?

Elinizdeki kitap bu büyük soruna basit bir çözüm öneriyor.

İki şey yeterli.

1- *Mevcut yaşam tarzının "iç"imizi ve "dış"ımızı kirlettiğini fark etmeliyiz.*
2- *Kendi iç ortam sıvılarımızı temiz tutmalıyız.*

Bunu yapmanın ilk koşulu büyük resmi görmektir:

Hastalığa ve sağlığa giden yolu kat etmek aslında çok basittir. Akvaryumun suyunu temiz tutmalıyız. Tüm vücutta, dokularda ve tüm hücrelerde ortamı temiz tutmalıyız.

Ortam her şeydir.

Sorunu yaratansa en basit ifadeyle vücudumuzun iç ortamının kirlenmesi yani "*asitlenme*"dir.

Sanayi atıkları ve kontrolsüz karbon salınımı dış ortamımızı nasıl kirletiyorsa, vücudumuz da hem kendi metabolizmamızın doğal döngüsü hem de tükettiğimiz yanlış gıdaların sindirimi sonucu asit son ürünler üretir; böylece iç ortamımız sürekli kirlenir. Vücudumuzdaki dokuları, organları, hücreleri, kanı kirleten zehirli artıklar, "*vücudun asitlenmesine*" sebep olur.

Asitlenmenin en önemli sebebi bizim gönüllü biçimde midemize buyur ettiğimiz zehirlerdir. Bu zehir bir tutam şeker de olabilir, bir tutam tuz da.

Kalp krizi geçirmiş bir yakınımızı ziyaret ettiğimizde, "Arabana gösterdiğin özeni vücuduna göstermiyordun" diye yakınan bir aile ferdini duymadık mı?

Arabanızın deposuna gelişigüzel benzin, dizel, gazyağı ya da bir bardak şeker koymazsınız. Bunların motoru harap edeceğini, arabanızı bozacağını bilirsiniz. Ama her gün yeyip içtiğiniz gıdalar vücut motorunuza uygun seçilmediğinde ödeyeceğiniz bedeli umursamazsınız. Bu umursamazlığın bedeli çok ağırdır; ne yazık ki sağlıkla ödenir.

Burada bir durup düşünmekte fayda var. Kanser, diyabet, gut hastalığı, kilo problemleri, safra kesesi ve bağırsak problemleri, karaciğer yağlanması, damar sertliği, kalp hastalıkları, osteoporoz denince aklımıza virüs ya da bakteri mi gelir? Gelseydi ne güzel olurdu; bütün bu hastalıklar için rahatça onları suçlardık.

Oysa suçlu biziz. Bu hastalıkların sebebi motora yanlış benzin koymamızdır.

Hastalıklar bizi bulmaz, biz onların bizi bulmasına sebep oluruz.

Hastalıkların sebebi, yanlış benzin seçimi sonucu oluşan asit artıkların vücutta birikmesidir. Asidin vücudun temizlik, savunma, onarma sistemlerinin kapasitesinin üzerine çıkacak kadar birikip tüm dokuları kirletmesidir.

ASİTLENİYORUZ.

Yıllar boyunca vücudumuzda biriken bu asitleri ameliyatla, şipşak yutulan bir hapla yok eden tıbbi bir yöntem yok. Vücuttaki asidi azaltmanın yolu, asidin panzehiri alkaliyi artırmaktır.

PANZEHİR; ALKALİ OLMAKTIR.

Tüm Hastalıklardaki Ortak Nokta: Oto-toksik-asyon = Asitlenme

Basit bir kimya bilgisi: Asitler alkali ile yok olur. Alkali asidin zıddıdır.

Alkali olmanın en kısa yolu, **alkali beslenmek**tir

Her gün sağlığımızı korumak ve hastalıklarımızı iyileştirmek için beslenmenin ne kadar önemli olduğunu vurgulayan yeni bilgilere ulaşıyoruz. Örneğin sacede birkaç on yıl önce Amerikan Kanser Derneği ve Amerikan Kalp Derneği, kanserle, kalp hastalıkları ve diyet arasında bir bağlantı olduğundan çok az bahsediyordu. Bugün artık pek çok sağlık kuruluşu, günde en az beş kere **taze** sebze, meyve yenmesini öneriyor. Çünkü beslenmeyle sağlıklı olmak arasındaki bağlantı çok net şekilde biliniyor. Sebze ve meyvenin sağlığa katkısının neden bu kadar büyük olduğunu hiç düşündünüz mü? En basit açıklama şudur: *Sebzeler vücudu alkali yapar ve bu şekilde hastalıklardan korurlar.*

Şunu rahatlıkla söyleyebiliriz: Hem sağlık hem de hastalık **hücrelerin içinde** başlar. Vücudun bütün reaksiyonları hücre seviyesinde olur.

Bir biyokimya uzmanı olarak ben de vücuttaki olayları hücre düzeyinde incelerim. İster kalp hücresi, ister böbrek, ister cilt hücresi olsun tüm hücreler benzer şekilde çalışır, benzer sebeplerle tahrip olurlar. İnsan vücudundaki tüm kimyasal reaksiyonlar biyokimyanın alanına girer. Biyokimya; sindirimden hormonlara, vitaminlerden kanser hücresi oluşumuna kadar tüm metabolik ve kimyasal olayların mekanizmalarını kapsar. Kan, idrar, ter, hücre içi sıvısı, hücre dışı tüm sıvılar biyokimyanın konusudur. Tabii bu *vücut sıvılarının asit olup olmaması* da.

Bir hücrede asitlenmeye bağlı hasar çoğalınca, o hücrenin oluşturduğu dokuda fonksiyon kaybı olur, tahribat arttığındaysa ilgili organda hastalık oluşur.

Sistem böyle çalışır.

Bu nedenle önce hücreleri korumanın yolunu bulmalıyız.

Vücudun hücre fonksiyonlarını doğru şekilde çalıştırmak istiyorsak hücrelere hayat veren besleyici maddeleri ve oksijeni, kan akımı aracılığıyla hücrelere ulaştırmak zorundayız. Aynı zamanda, aynı kan akımı aracılığıyla hücrelerdeki işlemler sonucu oluşan artıkları, "çöpleri" yani ***hücresel asitleri bedenimizden uzaklaştırmalıyız.***

Bütün bunlar ancak vücut içerisinde alkali bir ortam bulunduğunda mümkün olabilir.

Alkali durumdaki vücutta **kan;**

* oksijeni ve besinleri hücrelere taşır;
* hücre duvarlarından rahatça geçerek, bunların enerjiye dönüşmesini sağlar.

Ve böylelikle;

* işlem sonucu oluşan asit artıkların hücre duvarlarından rahatça dışarı atılması;
* ardından bu asit artıkların, asit temizleyen organlara taşınması mümkün olur.

İyilik, sağlık hali budur.

Vücut asitlenmeye başladığında sorunlar baş gösterir. Oksijen ve besleyici maddelerin hücrelere taşınamaması ve hücre içindeki artıkların hücreden atılamaması, hastalık oluşumunun birinci aşamasıdır.

Hastalıkta ve sağlıkta ortak nokta Asit-Alkali dengesidir.

Bu kitapla;

* **asit ve alkali dengesinin ne olduğu**;
* bunun sağlımız için önemi;
* **hangi hastalıkların altında bu dengesizliğin yattığı**;
* asit ve alkali dengemizi nasıl ölçeceğimiz;
* **yediğimiz besinleri doğru seçerek nasıl kolayca ve çabucak vücudumuzda alkali etkileri yaratabileceğimiz**;
* asit-alkali dengesizliğinin kiloya nasıl davetiye çıkardığı;
* **daha kolay yağ yakıp kasları koruyarak nasıl kilo vereceğimiz;**
* kendimizi şımartmanın bedellerini nasıl hafifleteceğimiz gibi konuları açıklığa kavuşturacağız.

Hastalığa ve sağlığa giden basit yol budur, her şey asit-alkali dengesiyle ilgilidir.

Tıpkı yin-yang gibi evrende her şey karşıtları ile dengededir. Vücudumuz da bir istisna değildir. Dengeyi bozarsak hastalanırız. Ölümü doğal karşılıyoruz ama aslında sonuna kadar sağlıklı yaşamak doğal kabul edilmelidir. Bu bizim tabiatımızın mümkün kıldığı bir durumdur...

Aslında sağlıklı yaşayarak ölmek bizim doğuştan hakkımızdır. Şu an elimizde gen teknolojileri, ileri düzey ilaçlar, ameliyatlar, organ transplantasyonları gibi pek çok imkân var, ama iyi haber şu ki cevap bunlardan çok daha basittir .

Asit-alkali yani pH dengesi.

Kilo ile Asit Arasındaki İlişki

Kilo almak ile asitlenmenin çok yakın ilişkisi var. Vücudunuzda ***fazla asit yükü varsa***, ne kadar diyet yaparsanız yapın, bizzat ***"kendi bünyeniz"*** yağ dokunuzu tamamen kaybetmenizi ***engeller***. Üstelik bunu sizi korumak için yapar. Yağ, vücudun asit tamponudur.

Tamponlamak, zararı azaltmak anlamına gelir. Böylece yağ, fazla asidi zararsız hale getirir. Vücut kendini korumak için kanda dolaşan asitleri paketleyip depolamak üzere yağı kullanır. Bu koruma mekanizması olmasaydı kandaki asitler, tıpkı bir taşı eriten tuz ruhundaki asit gibi yavaş yavaş damarları ve geçtiği organları tahrip ederdi. Kolanın içine tırnağınızı kesip atın. Ertesi gün tırnağı göremezsiniz. Kolanın asidi onu eritir. Korktunuz mu? Bundan değil, asıl o kadar güçlü asidi vücudunuza soktuğunuz için korkmanız gerekir. Zavallı böbrekler dengeyi yeniden sağlamak için çok çalışırlar.

Vücut kanın asitli olmasına izin vermez. Bu nedenle, vücuttan atamadığı asitleri bir yerlerde depolar.

Yağ hücrelerinde yıllarca barınan pek çok asit-toksin vardır. Bizi korumak için orada duruyorlardır. Yağlarımızdan kilo vermeye başladığımızda, yağ hücrelerinden enerji oluşturulması aşamasında bu asitler tekrar kana karışır. Yağ yakmanın kendisi başlı başına bir asitlenme sebebidir. Asitlenmeye katkısı sebebiyle yağları depoda tutmak tercih edilir. Asit yükü varken yağ yakmak vücudun işine gelmez. Düşük kalorili beslenerek veya egzersiz yaparak zorla kaybettiğimiz yağları asitlenme sebebiyle kolayca geri alırız.

Asitlenme arttıkça yağ depolamaya eğilim artar.

Vücudun nasıl ve neden yağ depoladığı konusunda henüz büyük resmi görmediğimiz açıktır. Sırrı aydınlatacak olan aslında ne kadar asit yükümüz olduğu sorusunun cevabıdır. Sorunun kalbinde yatan mesele asittir.

Bu asitlerin bir kısmı bağırsaklar, idrar, terleme veya nefes yoluyla dışarı atılır. Ama vücut, modern yeme alışkanlıklarının yarattığı aşırı asit alımıyla, normal asit atma yollarıyla baş edemeyince, kendini asitten korumak için yağ depolar.

Normalde, özellikle gençlikte, metabolizma ürettiği asitlenmeyi kendisi dengeleyebilir. Fakat vücudun temizlik kapasitesi yaşlanmayla birlikte azalır.

Hastalıklara verilen sayısız ismin hiçbir önemi yoktur.
Önemli olan hepsinin aynı sebepten kaynaklanmasıdır:
Vücuttaki aşırı doku asitlenmesi.

Unutmayalım; yaşamın kendisi bir bakıma asitlenmedir; asitlenme canlılığın hem doğal sonucu hem de bedelidir. Asitlenmeden kaçış yoktur. Nasıl ki ateş her zaman kül ve duman üretir, canlılık da doğası gereği toksik ve asitli son ürünler üretir. Yaşamın metabolizmaya ait normal süreçlerinin sonunda vücut asitli artıklarla kirlenir. Asitli beslenmeyse buna tuz biber olur.

Asit zehirlere karşı kullanılacak panzehir,
vücudu alkali yapmaktadır.

Alkali Ol Zayıfla

Özet olarak; **basit formül**ümüz, asit yapan yiyecekleri azaltıp alkali yapan yiyecekleri artırmaktır.

Tabağımızda ***% 80 alkali, % 20 asit yiyecekler*** olmalıdır. Asitli besin tükettiğimiz öğünlerde, bu miktarın dört katı kadar alkali besin yemeliyiz.

Bunu uygulamak aslında çok kolaydır: Diyelim ki 100 gr. biftek yedik; bifteğin yanında yiyeceğimiz 400 gr. yeşil salata, etin günahlarını silecektir. İleride bu oranlamaya dair daha pratik yöntemlerden bahsedeceğim.

Çözüm çok kolay gibi görünüyorsa bu doğrudur, **çözüm kolay**dır. Asit- alkali dengemizi iyi kurarsak kaçamaklarımız için de bedel ödemeyiz.

Eski diyet bilgilerinde eksiklikler var. Şimdi bunu tamamlıyoruz. ***Son taşı yerine koyuyoruz.***

Öyleyse, kalori hesaplarını, gramları, protein diyetlerini, düşük yağ diyetlerini, kibrit kutusu hesaplarını unutalım, ne kadar asit yüklüyüz, ne kadar alkali, buna odaklanalım.

1. BÖLÜM: ASİTLENME

Asitlenme Nasıl Olur?

Vücudumuzdaki yüz milyardan fazla hücre, tüm yaşamsal fonksiyonları için her gün yeni enerjiye ihtiyaç duyar. Bu enerji olmadan yaşam olmaz. Bu enerji yiyeceklerden gelir. Yiyecekler ve oksijen kanla hücrelere taşınır. Hücrede bir tür "yanma" işlemiyle enerji oluşur. Ama bu yanmanın sonunda ortaya "kül artıklar" çıkar. Bu küller asit artıklardır. Temizlenmezlerse hücre içi "asitlenir".

Doğduğumuz günden beri vücudumuzun temizlik sistemleri bu asit artıkları yok etmekle meşguldür. Artıkların miktarı, vücudun temizleyebileceğinden daha fazla olursa, emniyetli bir yerde depolanmaları gerekir. En iyi depolardan biri yağ deposudur. Asit yükü fazlaysa, vücut bu depolardaki yağı enerji için kullanmayı tercih etmez. Çünkü asitlerin tekrar ortaya çıkmasını istemez.

Hücrenin enerji elde etmek için yakacağı besinler, mevcut asitlenmeyi ya artırır ya azaltırlar. Asitlenmeyi azaltan besinler, alkali besinlerdir.

Alkali beslenmeyle asitlenme azalınca, yağ depoları enerji için kullanılabilir hale gelir.

Sindirilmeden önce yiyeceğin asit ya da alkali olması önemli değildir. Önemli olan yiyeceğin sindirim sonrası halidir. Limonun kendisi asitli olduğu halde, sindirim sonucu alkali son ürüne dönüşerek alkali mineraller bırakır. O halde limon asit değil, alkali bir yiyecektir.

Vücut kendi metabolizması sebebiyle her gün asit artıklar oluşturup bunları temizlemek zorundadır. Yiyeceklerimizi asit artık oluşturacak türden seçersek vücudumuzdaki asitlenme daha da artar. Temizlik daha zor olur. Temizlenemeyen asitler yağ depolarında saklanır. Asitlenme oldukça bünye yağ yakmakta zorlanır.

Asitlenmeyi artıran beslenme hatalarına örnek olarak kola verilebilir. Bir bardak kola vücudun asitlenmesini öylesine artırır ki bunu temizlemek için böbrekler 32 bardak suyu boşa harcar. Kola asittir, çünkü kolanın pH'ı 2,8'dir.

pH Nedir?

pH, hidrojen iyonunun negatif logaritmasıdır. Hidrojen iyonu, (H^+) olarak gösterilir.

Basitçe pH, **sıvıdaki** (H^+) **hidrojen iyon miktarını** gösterir. Sıvının asit veya alkali derecesini ölçme birimidir. 0-14 arası değerlerdedir.

Her sıvının bir pH değeri vardır.

Asit Sıvı Nedir?

İçinde fazla hidrojen olan sıvıdır. Asit sıvının pH değeri 0-7 arasındadır. Değer ne kadar küçükse sıvıdaki hidrojen miktarı o kadar fazladır. Sıvının asitlik değeri o kadar yüksektir.

Alkali Sıvı Nedir?

Hidrojen iyonu azaldıkça sıvı alkali olur. Alkali sıvılarda pH değeri 7-14 arasındadır. Rakam büyüdükçe sıvı daha alkali olur.

pH 7 değerine sahip bir sıvı ne asit ne alkalidir. Bu sıvıya nötr sıvı denir.

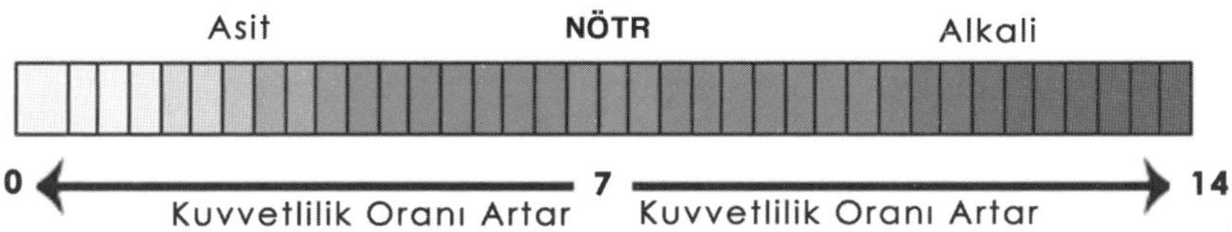

Şekil 1. pH Skalası

Asit ve alkaliler aynı ortamda, miktara bağlı olarak her zaman birbirlerini nötralize ederler. Asit sıvı, hidrojen iyonlarını nötralize etmek isteyen, alkali sıvı ise, hidrojen iyonlarını kabul eden ve asitliliği azaltan sıvı anlamına gelir.

(H^+) hidrojen iyon konstrasyonu vücudun iyilik durumunun genel bir göstergesidir. Vücutta ne kadar az hidrojen iyonu varsa genel sağlık durumumuz o kadar iyidir.

Ancak daha önce belirttiğim gibi, pH logaritmiktir, 10'un katları olarak azalır veya çoğalır. pH değeri 5 olan asitli sıvı, pH değeri 6 olan sıvıya göre on kat daha fazla asitlidir. pH'ı 9 olan alkali su, pH'ı 8 olan suya göre on kat daha alkalidir.

Vücuttaki tüm sıvıların belli pH değerleri vardır. En önemli olan kanın pH'ıdır. Kanın ideal pH'ı 7,35-7, 45 arasındadır, kanın kendisi hafif alkalidir. Kan pH'ının bu aralık dışına çıkmaması hayati önem taşır. Bu hafif alkali kan değeri hep aynı aralıkta tutulur.

Vücut, kanın pH'ının asit tarafa kaymasına asla izin vermez. Engellemek için asit giderici tampon sistemlerini kullanır. Bu tampon sistemleri; asitleri vücuttan atmak için devreye sokulan ve idrar, ter, dışkı, nefes vermeyle sonuçlanan işlemlerdir.

Asit tarafa kayması yaşamla bağdaşmayacağı için kanın pH'ı değişmez. Değişen, diğer vücut sıvılarının pH'ıdır. *Bu sebeple konumuz vücuttaki sıvıların pH'ıdır, kanın pH'ı değil.*

Vücuttaki diğer sıvılar idrar, ter, tükürük, hücrenin içindeki sıvı, hücrelerin arasındaki sıvı ve tüm dokulardaki sıvıdır. Bunların pH'ları değişir, çünkü kanın pH'ını dengelemek uğruna asit yükleri artırılır.

Kan pH'ını asit tarafa kaydırmamak için vücudun gösterdiği olağanüstü çaba sebebiyle, doktorlar rutin kan testlerinde asitlenmeyi tespit edemezler. Kan pH'ı her zaman normal aralıkta ölçüldüğü için de doktorlar bu duruma önem vermezler.

Ancak vücut için bu dengeyi korumanın faturası ağırdır. Ne yazık ki sonuçlarını hemen görmeyiz. Bu, genç birinin bir tepsi baklava yediğinde bile kan şekerinin çok yükselmemesi, şeker komasına girmemesi, iki saat sonra da kan şekerinin iyi çalışan pankreas ve insülinle normal açlık seviyesine inmesine benzer. Sonuçta genç ve sağlıklı bir vücut bu dengeyi bir kesme şeker için de, bir tepsi baklava için de aynı başarıyla kurar. Ama ilerleyen yaşla bu dengeyi kurmak zorlaşır. Ne zaman pankreastan gelen insülin duyarsız ve yetersiz olursa o zaman şeker hastalıkları ya da kiloyla ilgili sorunlar başlar. Denge bozulup sonuç kan testlerine yansıyana dek bu durum önemsenmez. Benzer şekilde asitlenmeye karşı vücudun dengeleme sistemi öyle güçlü bir şekilde çalışır ki, asitlendiğinizi normal kan testleriyle tespit edemezsiniz. Bu evrede asitlenmeyi tespit etmenin yolu vücut sıvılarındaki asit yükünü ölçmektir.

Asitlenme kavramı yeni olmamakla beraber, düşük düzey asitlenme ile hastalıklar arasında bağlantının araştırıldığı çalışmalar yenidir. İdrar pH'ı ve osteoporozun şiddeti arasında paralellik bulunduğunu ortaya koyan çalışmalar da bunlardandır.

Aslında asitlenme osteoporozun tek sebebidir.

Asit ve alkali dengesinin önemini kavramak için aşağıdaki çalışmanın sonuçları çok çarpıcı bir örnektir:

Fransız biyolog Dr.Alexis Karrnell çalışmasında, bir tavuk kalbini laboratuvarında 28 yıl canlı tutabilmiştir. Tavuk yumurtasından civciv oluşturmuş, civcivin kalbini, içinde tavuk kanında var olan maddelerin tümünü barındıran bir sıvıya koymuştur. Bu şekilde tavuk kalbi 28 yıl canlılığını korumuştur.

Burdaki sır, doktorun tavuk kanına benzeyen solüsyonu her gün temiziyle değiştirmesi, yeni yapay kan solüsyonunu ortama koymasıdır. Bu sayede bu tavuk kalbinin yaşam süresi 28 yıla varmıştır.

Bu deney bilim adamlarını oldukça heyecanlandırmıştır ve doğal olarak, "Yeterince temiz bir ortam sağlanırsa insan hücreleri de 150-200 yıl yaşabilir mi?" sorusunu akla getirmiştir.

Yoksa yüzyıllardır aradığımız cevap bu kadar basit midir?

Bizler Aslında Sadece "Pil"iz

Öncelikle, lütfen her birimiz basitliğimizi kavramaya çalışalım.

Mevcut her şey gibi biz de atomlardan oluşuruz.

Atom nedir?

Basit dille açıklarsak, atom; proton, nötron ve elektronlardan oluşan en temel maddedir.

Nötronların elektrik yükü yoktur.

Bizi ilgilendiren, protonlar ve elektronlardır. Bunların miktarları tüm kimyasal olayları belirler. Atomlar arası proton ve elektron alışverişi olmazsa, dünyada hiçbir kimyasal olay meydana gelmez.

Canlılık tamamen atomlar arası proton-elektron alışverişi demektir.

Protonlar artı (+) yüklüdürler. (**H^+ hidrojen** iyonu bir protondur.) Elektronlar eksi (-) yüklüdürler.

Her atom, protonları elektronlarına **eşit sayıda olduğunda dengededir.**

Kimyasal reaksiyona girmek için ise elektronlar ve protonlar arası bir alışveriş olması gerekir.

Atomun yörüngesindeki elektronlardan bir kısmı reaksiyon için başka bir atoma gittiğinde elektron sayısı azalır. Dolayısıyla göreceli olarak proton sayısı fazla olur. O zaman biz bu atoma proton yüklü atom deriz.

Proton yüklü atomlar asit atomlardır. Sağlık için tehlike oluşturan bunlardır, kitapta bu tehlikeyi nasıl savuşturacağımızı anlatacağım. **Elektronu yüklü** atom, alkali atomdur. Protonu fazla olana elektron verebilir. **Asidi alkali yapabilir**.

Amaç, sürekli olarak proton ve elektron sayılarını eşitlemektir.

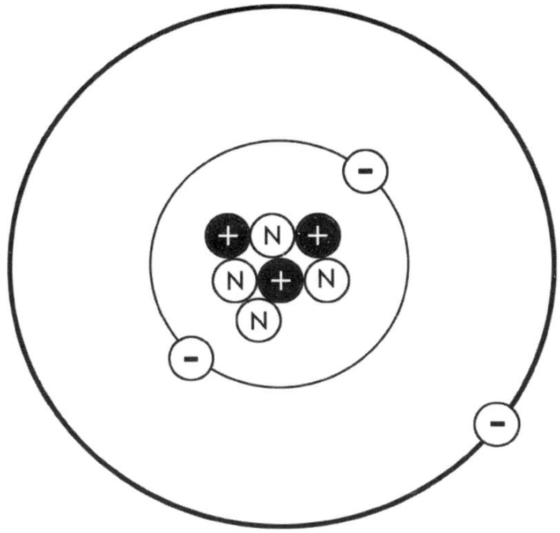

Şekil 2. Atomun Yapısı

Proton zengini artı (+) yüklü olan atomların çok olduğu sıvılar asit yüklüdür. H^+ Hidrojen iyonu vücuttaki en temel proton yükünü oluşturur.

Elektron yüklü maddelerin çok olduğu sıvılar alkali yüklüdür, bu alkali besinlerin elektron yüklü olduğu anlamına gelir.

Vücuda ne kadar çok elektron yüklü besin girerse kadar alkali oluruz.

Proton yüklü atom çok saldırgandır. Hemen kendine fazladan elektron alabileceği yapılar arar. Hücrede kendisine en yakın bulduğu yere saldırır. Bu protonların hepimizin çok iyi bildiği bir başka adı var: **Serbest radikal**.

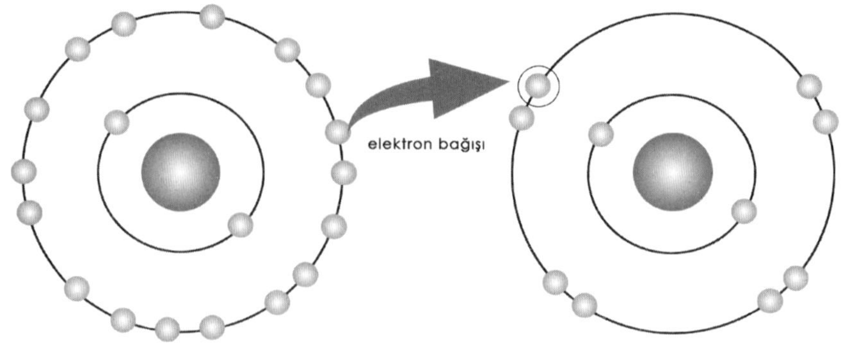

Şekil 3. Antioksidanlar serbest radikalleri nasıl yok ediyor?

Serbest radikallerden söz edildiğini son on yılda sık sık duyduk. Bunlardan kurtulmanın yolunun **antioksidan**lardan geçtiğini öğrendik ve hepimiz artık meyve ve sebzelerin antioksidan içerdiğini biliyoruz.

Serbest radikalin, elektronu eksik, protonu fazladır. Hareketleri "radikal"dir. Bulduğu en yakın yere saldırır. Tek derdi vardır: Kendine elektron bulmak. Serbest radikale elektron verense antioksidandır.

Elektron veren maddelere de alkali dediğimize göre; serbest radikalleri yok eden antioksidan dediğimiz maddeler de alkali maddelerdir. Serbest radikaller asittir. Antioksidanlar alkalidir. İşin özü hep aynı yere gelir.

Fazladan elektron taşıyan her madde alkalidir. Aynı zamanda antioksidandır.

Antioksidan olarak bildiğimiz pek çok vitamin, mineral, sebze, meyve, kuruyemiş, balık vb. fazladan elektron taşıdığı için serbest radikalleri nötralize edebilirler. Bunlar alkali maddelerdir. Bu nedenle sağlıklıdırlar.

Sonuç olarak, proton ve elektron arasındaki alışveriş canlılıktır. Tıpkı bir pilin artı ve eksi kutupları arasındaki elektron-proton alışverişi gibi.

Bizler, milyarlarca hücresinde her saniye metabolik olayların olduğu, içinden proton ve elektronlar akan bir tür kimyasal elektrikle çalışan pilleriz!

Şimdi burada kendi pilimizin kapasitesini alkali olarak artırmaya çalışıyoruz.

Alkali olmamıza yol açmayacak kadar az asitlenmemiz mümkün olamaz mı? Bu sorunun cevabı: Hayır. Metabolik olaylar olduğu sürece asit üretiminden kaçamayız.

Besinleri sindirmek, onlardan enerji üretmek, bu enerjiyle hücreleri tamir etmek, yeni hücreler yapmak, hormonları çalıştırmak, bunların hepsi metabolik olaylardır. Saç ve tırnağın uzaması, düşünmek, hatta uyumak bile metabolik bir olaydır. Bu olaylar gerçekleşirken, her saniye asit atıklar oluşur. Bunların vücuttan atılması zorunludur. Bu sebeple nefes alırız. Oksijen gibi alkali bir maddeyi alıp karbondioksit gibi asit bir maddeyi atmak için... O yüzden su içeriz. O yüzden terleriz, dışkılarız. Vücut bu metabolizma artıklarını atmaya mecburdur.

Biz onun işini nasıl kolaylaştırabiliriz?

1- Asit yükünü azaltarak...
2- Alkali rezervini artırarak...

İnsanın sağlığı için verebileceği en basit ama en büyük destek budur.

2. BÖLÜM: ASİTLENMENİN SONUÇLARI

Asitlenmeye Bağlı Hastalıklar

Vücudumuzdaki asit yükünü maalesef tam olarak atamayız.

Kanın pH'ı alkali kalmak zorunda olduğundan,asitlerin kanda dolaşmasına izin verilmez. Asit oluşumu fazlalaştığında, asit bir yerlerde depolanmak zorunda kalır. Yağ depolarımız aynı zamanda asit depolarıdır. (Kiloyu oluşturan yağın İngilizcesi, *free fatty acid*'tir: "Serbest yağ asidi". Kilo ve asit ilişkisi ayrıntılarıyla 4. Bölüm'de ele alınacak.) Bu asitler depolandıkları yerde soruna yol açarlar.

Asitlerin yağda depolanması ve kiloyu yağdan kaybetmemek bizim için ucuz bir bedeldir. Asıl sorun asit yükünün sebep olduğu öteki hastalıklardır. Asitler, biriktikleri her yerde büyük sorunlara sebep olurlar.

Kanser ve Asitlenme

Yüksek asitlenme, ortamdaki düşük oksijen yüzünden gerçekleşir. Bu bir kuraldır. *Bir doku ya da sıvı asitse, içindeki oksijen miktarı düşüktür.*

Oksijen miktarı düşük olan dokuda hücreler yeterince enerji üretemez. Çünkü her hücrenin enerji elde edebilmesi için yiyecekleri oksijenle yakması gerekir. Yeterli enerjisi yoksa diğer fonksiyonlarının aksamasının yanı sıra, hücre kendini tamir edemez. Tamir sistemi yoksa DNA da tamir edilemez.

Dokuda azalmış oksijenin kanser oluşmasında önemli sebeplerden biri olduğunu bulan Dr. Otto Walburg, bu keşfiyle Nobel Ödülü almıştır.

Dr. Walburg, tümör hücrelerinin metabolizmasını çözmüş, kanser hücrelerinin oksijen bulunmayan ortamlarda şekeri fermante ederek enerjiye çevirip kullandığını ispat etmiştir.

Normal hücre oksijensiz ortamda enerji üretemediği için yaşayamazken, kanser hücresi bunu nasıl yapabilir?

Kanser hücreleri, insan hücresi gibi gelişmiş bir hücreden daha ilkel bir hücreye dönüşerek enerji üretirler. Bitki hücreleri gibi oksijensiz enerji elde edebilirler. Bitkiler karbondioksidi kullanarak oksijensiz enerji üretebilirler. Hayvanlar ve insanlardaki oksijenle çalışan gelişmiş hücreler kanserleşince, ilkel bitki hücrelerine dönmeye başlar ve oksijensiz ortamda şekerle beslenip yaşayabilirler. Oksijene ihtiyaç duymazlar. Tek ihtiyaçları şeker ve daha çok şeker getirmesi için fazladan kan damarıdır.

Dr. Otto'nun 1931'de Nobel alan bu keşfinden bu yana geçen 80 yılda, kanserli dokuya yüksek oksijen veren ve tümör etrafındaki fazladan damarlanmaya engel olan tedavi çalışmaları yapıldı. Aradan geçen bunca süre boyunca hastalar, kanser hücrelerinin kendilerini kopyalamalarına engel olmak için kullanılan ilaçlarla tedavi edildi. Ancak nedense kanser oluşumunun zemininde yer alan asitlenmenin giderilmesine çalışılmadı.

Basite indirgediğimizde kanser mekanizması şu şekilde işlemeye başlar:

Vücuttaki asit yükü artınca asidin biriktiği bazı hücreler hasar görüp ölür. Bunda bir sorun yoktur, çünkü yerlerine yenisi gelir.

Ama bazı hücreler ölmek yerine adaptasyon geliştirir. Kendilerini ilkel bir hücreye çevirip ortama adapte olurlar. Böylece bu asitli oksijensiz dokuda çoğalmaya devam edebilirler. Bu tür hücre hiçbir görevini yerine getirmez, bağışıklık sisteminden saklanabilir, beyinden gelen emirlere uymaz, sonsuz kez çoğalabilir, çevresindeki hücreleri de kendine benzetir. İşte bu, kanser hücresidir.

Korkunç gibi görünüyor, ama aslında bu zavallı hücrecik hasar gördüğü için böyle davranır. O, sadece hayatta kalmak için uyum gösteren, ötekilerden daha akıllı bir hücredir. Herhangi bir hücremizde de bu yetenek vardır.

Hücrede asit yükü artar, hücrenin DNA yapısı bozulur, hücre kendini tamir edemeyecek kadar enerjisiz kalırsa ölür. Ama ölmeyen hücreler arasından böyle akıllı olanlar çıkacaktır.

Şu andaki tedaviler tümör hücrelerini yok etmeye yönelik. Normal hücrelerin tümör hücrelerine dönüşmesini engellenmeye yönelik tedaviler ise nadiren uygulanıyor. Her doktor kendi branşı açısından konuya yaklaştığı için, vücut biyokimyasındaki büyük resimde küçük ortak noktayı göremiyor.

Oysa kliniklerde yatan son safhadaki kanser hastalarının normal kişilerden çok daha asitli olduğu, idrar ve tükrük testlerinden kolayca anlaşılabilir. Bu kanser hastalarının dokularındaki oksijen seviyesi de çok düşük düzeydedir.

Kanser hücrelerinin bayıldığı şey yüksek asit, düşük oksijendir.

Yüksek oksijenli dokularda yaşayabilen kanser hücresi yoktur. Yüksek oksijen alkali ortamda olur. Kanser hücreleri asitlenmiş ortamda zor şartlarda yaşama mücadelesi veren akıllı hücrelerden başka bir şey değildir.

O halde hücrelerimizin yaşam şartlarını kolaylaştırmak için alkali olalım.

Kolesterole Yeni Bir Bakış Açısı

Kanın görevi;

* Nefesle aldığımız oksijeni ve yiyeceklerle aldığımız sindirilmiş besin maddelerini hücrelere taşımak,
* Bunlardan enerji üretimi sonucunda hücrede oluşan asit artıkları geri alıp,
* Vücudun böbrek gibi temizlik sistemlerine götürmektir.

Bu iş için tüm vücut çok uzun bir kan damarı ağıyla örülüdür. Kan her saniye bu hatta dolaşır. Kanın içeriğinde asit yükü artmışsa, bu asitler en yakın yere, damarın cidarındaki hücrelere zarar verirler. Kandaki asitler geçtikleri yol boyunca damar çeperlerindeki hücreleri tahrip etmeye çalışırlar.

Asitlerin proton yüklü olduklarından elektron peşinde koştuklarını biliyoruz. Kandaki asitler de damarın çeperinde elektron ararlar. Damarı oluşturan yapılara saldırmaları engellenmezse damarlar delinir. Bu durum yaşamla bağdaşmaz. Vücut hasarın bu aşamaya gelmesine izin vermez; bu asitlerin damarları zedelememesi için onları kolesterolle paketler ve zararsız hale getirmeye çalışır.

Bunun için karaciğer ve kemikler ona yardımcı olur.

Kanın asit yükü artınca karaciğerden daha çok kolesterol üretilir. Kolesterolün, kötü kolesterol dediğimiz LDL kolesterol kısmı asit paketleme işini yapar. Artan asit yüküne karşılık üretilen LDL kolesterol, karaciğerden damarlara doğru yola çıkar. Kandaki asitlerin ihtiyacı olan elektronu onlara verir. Damar çeperinde asitlenmeden zarar gören yerleri yama şeklinde onarmaya çalışır.

Yanına yardımcı olarak **en önemli alkali mineral kalsiyumu** alır. Kalsiyum ve asitler birleşip sertleşerek damar cidarında "plak" dediğimiz oluşumlara sebep olur. Bu plaklar zamanla çoğalır, tüm damarı sertleştirirler. Böylece damar sertliği ve tansiyon problemleri ortaya çıkar.

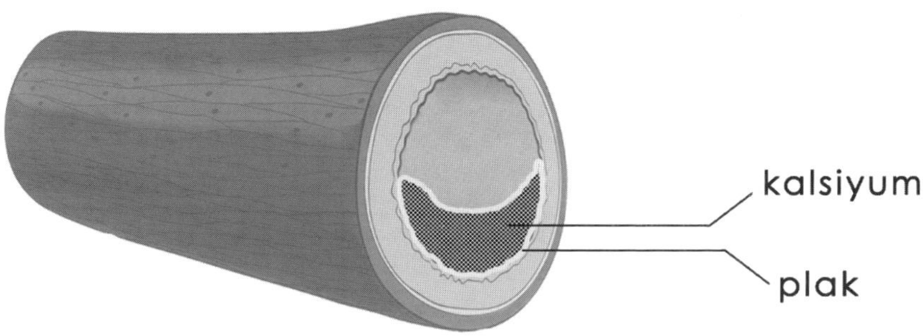

Şekil 4. Asitlenme nedeniyle damar sertleşmesi

Kolesterol bizim için çok gereklidir. Kolesterolden ostrojen testosteron progesteron gibi pek çok hormonun yapıldığını biliyoruz. Kolesterolün % 80'ini karaciğer kendi yapar, % 20'si besinlerle alınır. Asitlenmede, karaciğer ihtiyacından daha çok kolesterolü, damarlardaki asitleri tutacak olan LDL kolesterol kısmını da artırabilmek için üretir.

Bu durumda LDL, yani "kötü kolesterol", damarları asitlenmeden, başka bir deyişle oksitlenmeden, bir başka deyişle paslanmadan korumak için kendini feda eder.

Asitlenme-oksitlenme benzer ifadelerdir.

LDL kolesterol, doymamış yağa benzer yapıdadır. Tüm doymamış yağların fazla elektronları vardır. Bir madde elektron verdiğinde, kendisi oksitlenmiş hale geçer. LDL kolesterolün kendisi oksitlenerek damarların paslanmasını engeller.

LDL kolesterol üzerindeki fazla elektronları kandaki asitlere vererek onları nötralize eder. Sonra onları kalsiyumu da kullanarak paketleyip damar cidarında plak olarak depolar. Böylece kanın içerisindeki asitleri kandan uzaklaştırmış olur. Ama bedel olarak damarların sertleşmesi ve daralması söz konusudur. Kalsiyum ve asitten oluşan "kolesterol plakları" nın varlığı çok tehlikelidir.

Bu şekilde *kanın içindeki sıvı asitler kolesterol plağı olarak katı asitlere çevrilmiştir. Bu sayede kanın pH'ının asit olması ve damarların asitle delinmesi engellenmiş olur.*

Kalp sağlığını korumak için önerilen doymamış yağlar, LDL kolesterolün yaptığı gibi damarları asit hasarından korur. Doymuş yağlar ise zararlıdır.

Doymuşluk, kimyasal olarak protona doymuşluk demektir. Bu yağlarda verecek bir elektron yoktur. Bu sebeple bu yağlar damarlar içinde oksitlenmeyi gidermek için kendilerini oksitleyemediklerinden, damarı koruyamazlar.

Balık yağındaki omega 3 yağı gibi doymamış yağlar, elektron açısından zengindir. Proton alabilir, elektron verebilirler. Dolasıyla kendilerini oksitleyerek vücudu koruyabilirler.

Doğru yağ konusu da asit ve alkali dengeyle yakından ilgilidir. Doymuş yağlar proton yüklü, yani asit, doymamış yağlar elektron yüklü, yani alkalidir. (Bu konu ileride ayrıntılı olarak anlatılacaktır.)

Anlaşılan kolesterolün yükselmesinin nedeni, asitli beslenme konusundaki hatalarımızdır. Vücudun asit yükü artınca vücut karaciğerden daha çok kolesterol üretir. Bu, onun kendini koruma yöntemidir.

Kolestrol ve LDL kolestrol gerçekten "kötü" müdür?

Üzerinde yıllardır tartışılan damar hastalıkları konusunda kolesterol sorununa çözüm olarak, damarlarda asitlenmeye sebep olan asit yükünü alkali beslenme yöntemiyle azaltmak, kolesterolü azaltmaktan daha akıllıca bir yaklaşımdır.

**Kolesterol içeren besinler değil,
asitlenme yapan besinler damarlarınızı sertleştirir.**

Ağzınıza hiç yağ koymasanız, hiç hayvansal protein (kırmızı et, yumurta vs) almasanız, sadece ve sadece karbonhidratla beslenseniz bile damar sertliği hastalığına yakalanırsınız. Şeker de damarları sertleştirir. Diyabet hastaları bunu iyi bilir.

Osteoporoz

Vücut alkali olarak dizayn edilmiştir. Ancak yaşamsal metabolik olaylar sonucu asit artıklar ortaya çıkar. Her gün ortalama 70.000 minivolt proton oluşur. Bu kadar çok hidrojen iyonu ortaya çıkar.

Protonlar, yani hidrojenler de en büyük asitlenme sebebidir. Vücut bu hidrojenleri asla kanda biriktirmez, yok etmek ister. Bunu yapabilmek için, aynen kolesterol plağını oluştururken olduğu gibi, birtakım alkali minerallere ihtiyaç duyar.

*Vücuttaki en fazla miktarda bulunan alkali mineral, kalsiyumdur.
Deposu kemiklerdir.*

Kalsiyumun % 99'u kemiklerde depolanmıştır. Geri kalanıysa vücut sıvıları ve diğer dokularda, çok önemli görevler için bulunur. Kan ve vücut sıvıları asitlenince, kandaki mevcut kalsiyum bu asitleri nötralize etmek için kullanılır. Ama asitlenme artar ve kandaki kalsiyum biterse, kemik ve dişlerden kalsiyum çalınır. Öteki kemiklerden daha önce, özellikle leğen kemiklerinden, uzun kemiklerden ve omurgadan kalsiyum çalınmaya başlanır. Bu sebeple osteoporoz için kemik yoğunluğu ölçümlerinde, daha çok bu bölgelerde eksiklikler görülür.

Osteoporoz oluşmaması için, beslenmede kalsiyum içeren besinlerin önerilmesinin sebebi, asitleri gidermek ve alkali olmak için kemikteki kalsiyum yerine besinlerdeki kalsiyumun, kullanılmasını sağlamaktır. **Kemik sağlığını koruyan besinler, aslında bizi asitlenmeden korur.** Bu besinler, içerdikleri kalsiyum sebebiyle alkali besinlerdir.

Yaşlılıkta osteoporoz normal bir hastalık gibi görülür. Çünkü yıllarca vücuttaki asit yükü, kemikten kalsiyum çalıp durmuştur. Sonuçta kemikler sünger gibi olur. Oysa osteoporoz yavaşlatılabilir, durdurulabilir.

Aslında osteoporoz, asitli yiyeceklerle beslendiğimiz modern yaşam tarzımız için, yıllar içerisinde ödediğimiz gizli bir vergidir.

Osteoporoz ile düşük düzey kronik asitlenme arasındaki bağlantı artık bilimsel açıdan biliniyor.

Osteoporozun değeri ne kadar yüksekse vücuttaki asit yükü de o kadar çoktur.

Kemikler alkali mineral deposudur. Kalsiyum dışında kemikteki *magnezyum* da önemli bir alkali mineraldir.

Osteoporozda kalsiyum gibi magnezyum minerali de asitleri tamponlamak için kemikten çekilir.

Vücuttaki magnezyumun % 80'i kemiklerde bulunur. Geri kalan magnezyum ise kaslardadır. Yorulunca kaslara kramp girmesinin bir sebebi de kaslardaki magnezyumun eksilmesidir. Kas yorgunluğuna bağlı asitlenmeyi atmak için kastaki magnezyum kullanılır.

Gece uykuda "huzursuz bacak sendromu" denen, bacakların bir türlü rahat etmemesiyle tarif edilen durumun da sebebi magnezyum eksikliğidir.

Fibromyaljide, damar sertliğinde, kalp kapağı hastalıklarının bazılarında magnezyum eksikliği söz konusudur.

Alkali olmak için magnezyum, kalsiyum kadar önemlidir.

Genç yaşta kemikten çalınan kalsiyumun yarattığı eksiklik röntgen filmlerinde görülemez. Ancak geçen yıllar boyunca asitleri gidermek için kalsiyum tüketildikçe, kemik yoğunluğu azalır ve filmde görülür hale gelir.

Gençken kanda **bikarbonat tamponu** gibi başka tampon maddeler bol miktarda bulunduğu için, asitlenmeyi gidermede ilk aşamada onlar kullanılır, hemen kemiğe başvurulmaz. Gençlikte asit yükü de daha azdır. Çünkü asitlenme yıllar içerisinde birikerek ortaya çıkan bir durumdur. **Osteoporozun ileri yaşlarda görülmesinin sebebi, vücudun asit yükünün eski yöntemlerle azaltılamıyor olması ve giderek kemikten daha çok kalsiyum ve magnezyum çalınmasıdır**. Osteoporoz oluşmaması için kalsiyum ve magnezyum içeren yiyeceklerin tüketilmesinin yanı sıra, asit içeren besinlerden de uzak durulmalıdır.

Kola örneğimizde olduğu gibi, bir bardak asit yüklü kola için 32 bardak su ve kemiklerden bolca kalsiyum harcanır.

Günlük asit tamponlamak için kullanılan 50 mg'lık kalsiyum kulağa çok fazla gelmeyebilir. Ancak asitlenme yıllar boyu ilerdekçe kemikten çalınan kalsiyum miktarı artar. Bu miktar 400.000 mg'a kadar yükselir, ki bu miktar, kadınların kemiklerindeki kalsiyum miktarının yarısı, erkeklerinkinin ise üçte biri kadardır. Ortalama olarak kadınlar ileri yaşlarda kemiklerin yarısını, erkekler ise üçte birini kaybederler.

Osteporozun sebebi kronik asitlenmedir.

Asitlenmenin Etkili Olduğu Diğer Hastalıklar

* Asitlenmenin **diş çürüğüne yol açtığını** biliyoruz. Çok tatlı yiyen çocukların dişleri, şekerin asitlenmeye sebep olması yüzünden daha çabuk çürür. Asitli ortam ve şeker, bakterilerin çoğalmasını kolaylaştırır. Bunun sonucunda diş etleri çekilir.

Ağız içi normalde alkali yapıdadır. Alkali ortamda fonksiyon gösteren tükürükteki amilaz adlı enzim ile karbonhidratların sindirimi ağızda başlar. Vücuttaki asitlenme artışı tükürüğü de asitlendirir. Ağızda asitlenme fazlalaşınca amilazın fonksiyonu azalır. Bunun sonucunda, şekerli, karbonhidratlı besinler iyi sindirilemez ve ağızdaki asitlenmeyi daha çok artırır.

* Bir başka örnek, alkali ortamda fonksiyon gösteren iyot mineralidir. Asitlenme sebebiyle iyodu kullanamamak tiroid fonksiyonlarını azaltabilir. **Tiroid fonksiyonlarının azalması,** hipotiroidiye ve kolay kilo alınmasına sebep olur.
* Vücudumuzdaki en büyük protein olan kollajen, asitlenme sebebiyle sertleşir. Kollajenden oluşan **eklemler ve cilt esnekliğini kaybeder**. Ciltte kırışıklar ve kurumalar meydana gelir. Cildin hızla yaşlanmasında asitlenmenin etkisi sandığınızdan çok daha fazladır.

* Asitlenme durumunda kan ve dokular daha az oksijen içerdiğinden vücutta anaerobik (oksijensiz) bakterilerin üremesi kolaylaşır. Dolasıyla **enfeksiyonlara yatkınlık** olur. Mantar ve bakteri enfeksiyonları daha çok meydana gelir.
* Asitlenme hücre zarlarının sertleşmesine sebep olur. Oysa hücreler arası iletişim, hücre zarlarının elastikiyetine bağlıdır. Sertleşen hücre zarları sebebiyle, özellikle **beyinde hücreler arası iletişim** yavaşlar.
* **Uykusuzluk, depresyon, hafıza kaybı** durumlarında da asitli olmanın etkisi vardır. Uyku için melatonin hormonu üretilir ve bu hormon diğer hücrelerle iletişim içinde olmalıdır. Depresyon oluşmaması için serotonin hormonunun yeterince üretilmesi gerekir. Ayrıca iyi bir hafıza için sinir sistemindeki nöronlar birbiriyle iyi bir etkileşim içinde olmalıdır.

Hücre içinde gerçekleşen kimyasal olayların amacı enerji üretmektir. Besinlerden gelen glikoz, oksijen ile yanarak enerjiye dönüşür. Her yanma kül üretir. Küller asittir. Hücrede her saniye yeni küller, asit artıklar üretilir. Her hücrenin içinde bunları temizleyecek bir sistem vardır. Ancak temizlik sisteminin kapasitesi sınırlıdır. Sınırı aşan asitler, saldıracak yer ararlar. Proton yüklü asit hücre, elektrona ihtiyaç duyar ve elektronu en kolay biçimde hücre zarından çalar. Böylece hücre içindeki asitler nötr ve zararsız olur ama hücre zarları asitlenir. **Hücre zarlarının asitlenmesi** onları sertleştirir. Normal duyarlılıklarını kaybederler. Uykusuzluk, kronik yorgunluk, depresyon hali bu şekilde oluşur. Hücre zarının asitlenmesi hormonlardan gelen emirlerin uygulamasını zorlaştırır.

* İnsülin de hücrelere emir veren bir hormondur.

İnsülin hormonu, hücrelerin zarlarında bulunan bir kilidin anahtarıdır. Bu anahtar, glikozu içeri alan GLUT4 kapısını açar. İnsülin olmadan hücredeki bu kapalı kapı açılamaz ve glikoz içeri giremez. Asitlenme sonucu sertleşen hücre zarlarında, bu kilit bozulur. Kanda mevcut insülin miktarı bu kapıyı açmaya yetmez. Kapıların açılması için pankreas daha çok insülin üretir. Fakat asitlenmeye bağlı olarak artan insülin fazlası bile ihtiyacı karşılamaya yetmez. Çünkü hücre zarındaki bu kapı insüline karşı duyarsızlaşır.

Bu duruma **insülin duyarsızlığı** denir.

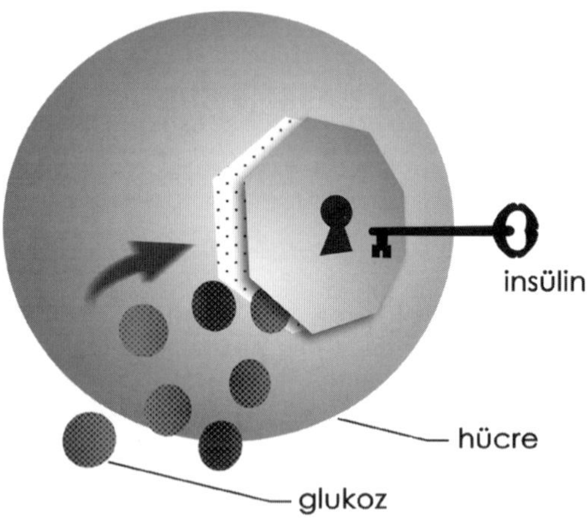

Şekil 5. Hücrenin insüline duyarsız olması

Kanda artan insülin, bir yandan fazla şekeri bu şekilde hücre içine sokmaya çalışmakla vakit kaybederken, bir yandan da bünyeye yağ depolanmasını artırması yönünde emir verir.
İnsülin duyarsızlığı bu şekilde kilo alımına neden olur.

* Mide sıvısının asit olduğunu biliyoruz. Fakat sindirim sistemindeki ince bağırsaklar alkalidir. Besinlerle gelen asit yükü artınca, ince bağırsak bölgesinin alkali kalması için, pankre-

astan gelen sindirim enzimi ve pankreas sıvısına daha çok ihtiyaç duyulur.

Pankreas sıvısı vücuttaki en alkali sıvıdır. İnce bağırsağa dökülen bu alkali pankreas sıvısını oluşturmak için vücudun alkali rezervleri kullanılır. Asitli yiyecekler tüketildiğinde normalden daha fazla alkali sıvı üretmek için yorulan pankreas, insülin üretiminde de yetersiz kalır. İnsülin, pankreasın beta hücrelerinden üretilir. Pankreasın kendisi de bir organ olarak vücuttaki genel asitlenmeden payını alırsa, beta hücreleri hasar görebilir. Bu durum da yetersiz insülin üretimine katkıda bulunur.

* Asitlerin çoğu böbrekten atıldığı için yüksek asitli idrar, idrar yolu enfeksiyonlarına, **böbrek taşlarına** zemin hazırlar.
* Asit yükünü seyreltmek için vücut daha çok su tutar. Fazla su tutulumu **ödem** yapar. Alkali su tüketmek mevcut ödemi azaltır.
* Yağ dokularının asit dokusu olduğundan söz etmiştik. Bu depoların etrafında daha çok su tutulur. Amaç, mevcut asitlenmenin seyreltilip zararsız hale gelmesidir. Yağların ve bölgede tutulan suyun hacmi, o dokudaki lenf ve kan damarlarını sıkıştırır. Zaten asitli bölgeye oksijen daha az ulaştığı için, kan ve lenf damarları da yavaşlayınca yağ dokusunun bulunduğu bölgedeki dokular beslenemez. Büzüşüp sertleşirler. Kanın beslemediği, oksijensiz kalan bu bölgenin derisindeki büzüşmeler, portakal kabuğu görünümünü ortaya çıkarır. **Selülit** gamzeleri böyle oluşur.

Lenfler de asit atılım kanallarıdır. Yağ depolarının arasında rahat dolaşamayan lenf sıvısındaki asitler bu bölgede sıkışıp kalır.

Kilo verme çabalarıyla yağ dokusu eridikçe, lenf dolaşımındaki sıkışmış asitler de atılmak üzere dolaşıma verilir. Bu durum mevcut asit yükünü artırır. Bu asitleri atmak için, kilo verirken daha çok alkali besine ihtiyaç vardır.

Görüldüğü gibi kolesterol, osteoporoz, kanser, selülit gibi birbiriyle ilgisiz görünen hastalıklar ortak bir noktaya sahiptir: ***Vücuttaki fazla asit yükü.***

Asitlenmeye bağlı hastalıklar bir gecede oluşmaz ve alkali beslenmeyle iyileşmek istediğimizde, bir günde bütün hayatımız boyunca biriktirdiğimiz asit yükünü temizleyemeyiz. Bu bir yaşam biçimi olmalıdır.

Sağlık bankasında alkali hesabı,
her zaman asit miktarından yüksek tutulmalıdır.

Eğer teşhis edilen kronik bir hastalığımız olsaydı, mecburen hayat tarzımızı değiştirerek beslenmemizde kalıcı değişiklikler yapmak zorunda kalacaktık. Oysa daha alkali bir diyetle ve orta düzey egzersizle, alkali su içerek, alkali vitamin ve mineral destekleri kullanarak bu kalıcı değişiklikleri şimdiden uygulamaya başlayabiliriz. Kronik bir hastalığımız olmasını beklemeden. Âni şok etkisiyle acı bir olayla karşılaşmadan. **Çok geç olmadan!**

3. BÖLÜM: ASİTLERDEN KURTULMANIN YOLLARI

Asit Atılımı

Metabolizma, seri fizyolojik işlemler sonucu vücut sıvılarının pH'ını alkali yapmak ister ve sıvılardaki asit yükünü atmaya çalışır.

Vücut sıvıları hücre içi ve hücre dışı sıvılar olarak sınıflandırılabilir. Hücre dışı sıvı dediğimizde vücuttaki dokular arasında dolaşan sıvılardan söz ediyoruz. Hücre içi-hücre dışı sıvılar ve kandaki asit artıkların temizlenmesi gerekir. Bütün hücreler günlük olarak enerji üretirler ve artıklarını bu sıvılara bırakırlar. Organizmanın sağlıklı kalabilmesi için her gün bu metabolik asit artıklardan kurtulmak gerekir.

Vücudun bunu yapmak için kullandığı sistemlere tamponlama sistemleri denir. Bunlar, *bikarbonat, fosfat ve protein tampon sistemleridir.*

Bikarbonat tampon sistemi vücuttaki en yaygın tampon sistemidir. Bütün hücrelerin içinde ve dışında bulunur. Vücut, ilk olarak bikarbonat tampon sistemini kullanır.

Bu tampon sistemlerine çeşitli organlar yardımcı olur. En büyük görev **böbrek** ve **akciğerler**e düşer. Daha sonra az miktarda asit atımı yapsa da cilt de asit atılımını sağlayan organımızdır; ter de idrar gibi asidik bir sıvıdır.

Gaz şeklindeki asitler akciğerlerden, nefes verme yoluyla karbondioksit olarak atılır. Asitlenmeyle yetersiz oksijen paralel gittiği için, **doğru nefes alarak kandaki oksijen miktarının artırılması alkali olmak için çok önemlidir.**

Böbreklerse katı ve sıvı haldeki asitleri idrarla atarlar. Katı asitlerin fazlası yağ dokusunda biriktiği için bu konuya daha çok önem vereceğiz.

Kanda asit miktarı fazlalaşırsa böbreklerde (H^+) iyon miktarı artar. Böbreğin görevi, bu asitleri sulandırdıktan sonra bikarbonatla tamponlayıp idrarla atmaktır. Bunu yapmak için alkali minerallere ihtiyaç duyar. Alkali mineraller kalsiyum ve magnezyum yiyeceklerle yeterince alınmıyorsa, kemiklerden çalınır. Asit yükü daha da fazla olursa, kaslardan da glutamin adlı aminoasit çalınır.

Böbrekler, asitleri;

* Kandaki bikarbonatla,
* Kemiklerdeki kalsiyum ve magnezyumla,
* Kaslardaki glutaminle tamponlayıp idrarla atar.

Glutamin, vücutta en çok bulunan aminoasittir. Kaslarda depolanır. Vücutta böbrekler üzerinden asit atılımında yardımcıdır. Kemikteki kalsiyum ve magnezyum gibi, kaslardaki glutamin de vücudun alkali rezervidir.

Asitler böbreklerden atılmadan önce mutlaka tamponlanmalıdır. Böbrek, pH'ı 4,5'ten daha yüksek değerdeki asidi idrar şeklinde atamaz. Çünkü yüksek değerdeki asit böbrek kanallarında tahribata sebep olur. Bu yüzden önce bikarbonatla bu asitleri tamponlar. Kandaki bikarbonat tamponu tükenince, geri kalan asitler için kemik ve kastaki diğer tampon sistemlerini kullanır.

Ancak önemli nokta şudur ki, böbreklerin günlük asit temizleme miktarı sınırlıdır. Eğer vücudun beslenmeyle kazanılan alkali rezervleri yetersizse vücuttaki asitlenme seviyesi artar. Atılamayan asit vücutta birikir. Böbreğin atılım kapasitesinin üstündeki asit yükü, başta düzgün hücre çalışmasının engellenmesi olmak üzere pek çok sağlık sorununa sebep olur. Atılamayan asitlerin kanda dolaşması istenmediğinden, vücut bu asitleri katı hale getirir. Katı hale getirildikten sonra bu asitlerin depolanması gerekir. Bu katı asitler;

* kolesterol ile paketlenebilir,
* yağ asidi olarak depolanabilir,
* ürik asit olarak eklemlerde birikebilir,
* böbrek taşı olarak böbreklere yerleşebilir.

Böylece isimlerine aşina olduğumuz hastalıklar, yaş ilerledikçe teker teker kapımızı çalarlar. Yaşlanma nedeniyle alkali tampon gücümüz ve alkali mineral depolarımız azaldıkça, yiyeceklerden aldığımız asit yükünden kurtulmakta zorlanırız.

Pek çok insan ve hatta doktorların çoğu, asitlenmenin tehlikesine aşina değil. Maalesef, ancak ileri derecede asitlenme olduğu zaman vücuttaki asidoz dikkate alınır; diyabetteki ketoasidoz dediğimiz şeker koması ya da böbrek yetmezliğindeki üre yükselmesi olan üremik asidozda olduğu gibi... Düşük düzeyde sürekli olarak asitlenmeye maruz kalmamız, tedavi edilmesi gereksiz bir durum olarak algılanır. Oysa görmezden gelinen bu düşük düzey kronik asidoz durumunu dengelemek için vücut çok büyük kayıplar verir, uzun dönemde ise hastalıklar ortaya çıkar.

Sindirim sistemi de aslında alkali tampon sistemi olarak görülmelidir. Mide pH'ımızın asit olduğundan söz etmiştik. Ama mide dışında ağızdan anüse kadar olan sistemin çoğu alkalidir. Sindirim sistemi yiyecekleri hem sindirir hem de alkali hale getirir. Mide asidinde sindirilen besinler on iki parmak bağırsağında, pankreastan gelen alkali pankreas suyuyla asitlerinden arınırlar. Pankreastan çıkan bu alkali madde **bikarbonattır**.

Eğer pankreastan gelen bikarbonatlı alkali pankreas sıvısı yeterince üretilemezse, mideden gelen asitli besinler ince bağırsağın cidarını zedeleyebilir. İyi sindirilmemiş, yeterince alkali olmamış yiyeceklerle dolu ince bağırsak zedelenince, bağırsak çeperini kaplayan besinleri içine alan küçük delikler genişler. İnce bağırsaktan besin emen bu deliklerin çapı genişlediğinde içeriye sindirilmemiş, normalden daha büyük parçalar halinde yiyecek artıkları girer.

Vücut tam sindirilmemiş ve en küçük parçasına bölünmemiş bu gıda parçalarını tanıyamayabilir. Bu az sindirilmiş besin maddelerini bakteri gibi bünyeye zararlı olarak algılayıp saldıracak çok hassas bir bağışıklık sistemimiz olabilir.

Bağışıklık sistemimiz bu yiyecek parçalarını tanıyamazsa, onların zararlı olduğunu düşünür ve vücudu korumak üzere onlara saldırır. Bu bağışıklık reaksiyonu sonucu çeşitli rahatsızlıklar meydana gelir. Dışkılama ve cilt problemleri, migren, hazımsızlık, şişkinlik, kabızlık, çölyak hastalığı gibi pek çok hastalığın temelinde bazı yiyeceklere verilen bu bağışıklık reaksiyonu yatar. Vücudun bazı yiyeceklere karşı verdiği bu yanıta **gıda duyarlılığı** denir.

Alkali pankreas sıvısı ve içindeki sindirim enzimleri, besinlerin doğru sindirilmesinde ve gıda duyarlılığının engellenmesinde çok önemlidir.

Aynı şekilde bağırsak florasındaki dost bakteriler, bağırsak içi uygun pH'da olduğunda üreyebilirler. pH uygun olmadığında dost olmayan bakteriler ürer. Bu bakteriler bağırsaktaki asitli yiyecekleri çürütür. Kötü kokulu dışkalamaya sebep olur. Dışkının kokusu ile asitlenme arasında da bir paralellik vardır.

Lifli beslenme de alkali olmak için gereklidir. Lifli besinler bağırsaktaki asitleri emebilirler. Bağırsak hareketlerini de artırarak bağırsaktaki bu asitlerin dışkıyla atılmasına yardımcı olurlar. Karaciğerden gelen atılacak toksinler safrayla bağırsağa dökülür. Lifli besinler, safranın içindeki asitleri emerek dışkıyla atılmalarını sağlar. Yeterince lifli besin tüketilmediyse, safradaki asitler atılamaz ve geri emilir.

Lenf sistemi de kan gibi toksin atan bir sistemdir. Yaklaşık 600-700 lenf bezi ve hacim olarak kanın üç katı miktarda lenf sıvısı vardır. Lenflerin temel görevlerinden biri de kan ve dokular içerisindeki asit artıkları temizlemektir.

Vücuttaki toksinlerin neredeyse tamamı asit formundadır. Dolasıyla kanın ve diğer vücut sıvılarının normal alkali değerinin sağlanması için bu asitlerin atılması veya vücut için hayati öneme sahip olmayan daha zararsız dokularda depolanması gerekir.

Tampon Sistemleri

Tamponlama sistemleri vücudu asit artıklardan korumak için çalışır. Bu asit artıklar vücudun kendi metabolizması sonucu ürettiği ve dışarıdan aldığımız asitli yiyecek artıklarıdır.

Tamponlamak, iki karşı şeyi bir araya getirip her iki tarafın da etkisini yok etmek anlamına gelir. Alkali, asit ile bir araya geldiğinde bunlar birbirlerini yok eder, yani tamponlar.

Vücudun tampon sistemleri hücrelerin içinde, hücrelerin dışında, kanda ve diğer vücut sıvılarında bulunur. Kandaki tamponlama sistemleri bikarbonat, fosfat ve protein tamponlarıdır. Tamponlamayı yapan organlarımız yani asit temizleyen organlarımız böbrekler, akciğer ve ciltir.

Böbrekler en önemli asit atılım yoludur. Böbreklerden asitler idrar yoluyla atılır, idrar pH'ı bize vücuttaki asit yükü hakkında bilgi verir.

Vücudun diğer önemli tamponlarından biri, glutamin aminoasididir. Kasta en çok bulunan aminoasit, glutamindir. Asitlenmede bu aminoasit kullanımı yüzünden kas kaybı olur.

Bu tamponlama işlemlerinde alkali mineraller kullanılır. En önemlileri kalsiyum ve magnezyumdur. Kalsiyumun kaynağı kemikler, magnezyumun kaynağı kemikler ve kaslardır.

Alkali Olmada Kalsiyumun Önemi

Vücudun asit atan organları (akciğer, böbrek ve cilt) günlük belli bir miktar asit tamponlama kapasitesine sahiptir. Bu kapasiteyi aşan asit yükü, en önemli alkali mineral olan kalsiyumla tamponlanarak yok edilmeye çalışılır.

Bütün bu asit atma çabalarına rağmen vücudun kurtulamadığı fazla asit varsa, bu sıvı asitler katı asitlere çevrilmelidir.

Böbreğin kapasitesini aşan asit, kalsiyumla birleşir, nötral bir tuz oluşur. Kalsiyumla birleşerek nötralize olan asit, artık vücut sıvılarının pH'ını etkilemez. Kanda ve diğer sıvılarda asitlenme oluşturmaz.

Kalsiyum ve asidin bir araya gelmesinden oluşan nörtral tuzlar vücutta bir yerlerde depolanmalıdır. Böbrek taşları, gut, ürik asit, kolesterol plakları ve artrit bu şekilde oluşur. Halk arasında buna kireçlenme denir.

Kireçlenme ifadesi geçtiğinde anlatılmak istenen, kalsiyumla kümelenen asittir.

Kalsiyumun asit gidermek için çöktüğü her yer zamanla "kireçlenir".

4. BÖLÜM: VÜCUT YAĞLARI

Fazla Yağlardan Kurtulmak Neden Zordur?

Vücuda giren fazla enerji yağ olarak depolandığında daha az yer tutar. Enerji yağ yerine karbonhidrat olarak depolansaydı, fazla kilolarımız şimdikinin iki katı olurdu. Yağlar içlerinde daha çok enerji depolayabilirler. Yağın 1 gramında 9 kalori depolanırken, karbonhidrat ve proteinlerin 1 gramında 4 kalori vardır.

Yağ deposu hem enerji hem de asit deposudur.

Yağ depolarında fazla enerjinin yanı sıra istenmeyen asitler de birikir.

Vücut, kendi sıvılarındaki atamadığı asitleri emniyetli bir yerde depolamak ister. Bu yerlerden biri de yağ deposudur. Fazla enerjiyi depolamak için yağ asidi oluşturulurken, içine bol miktarda asit hidrojen iyonu depolanır. Bu şekilde vücuttaki mevcut asitler azaltılır. Kilo vermek için diyete başlandığı sırada ***vücutta asit yükü fazlaysa, bu yağları yakmak zorlaşır.*** Çünkü vücut yağın içindeki asitlerin tekrar ortaya çıkmasını istemez. Yağ deposundaki yağları yakmamakta direnir. Yağın yakılmasıyla ortaya çıkan hidrojenlerin asitlenmeye katkısını azaltmak için alkali beslenirsek, yağlar daha hızlı yakılır. Çünkü alkali ortam, gelecek asitleri

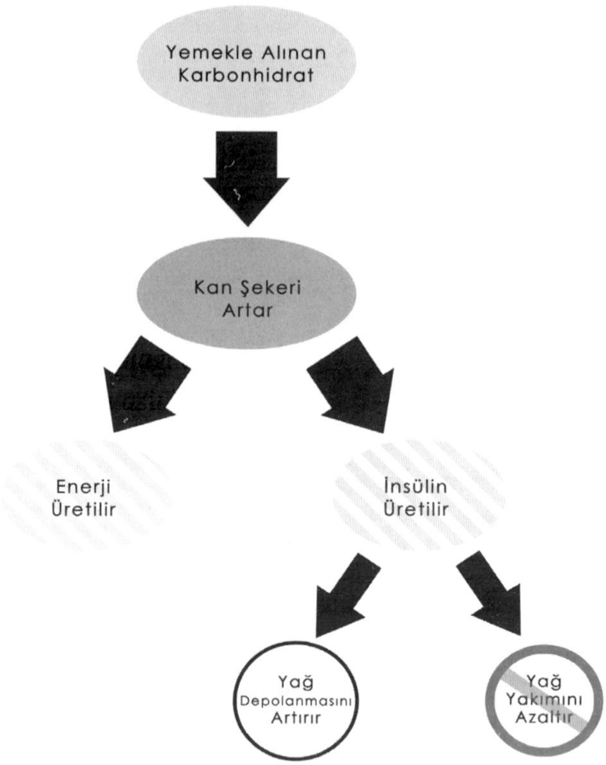

Şekil 6. İnsülin direnci tuzağı

nötralize etmek için yeterli olur. Alkali ortamda yağ depolarından daha kolay yağ çözülür.

Yağ dokusu etrafında ödem olur.

Vücutta yağ dokularının etrafında su tutulması olur. Asitlerin yakıcı etkilerini azaltmak için, asitlenme olan dokularda tutulan su miktarı artar. Bu suyun hacmi oraya bir baskı yapar ve yağ dokularını sıkıştırır. Aralarından geçen kan ve lenf akımını yavaşlatır. Kan ve lenf akımı yeterince aktif olmazsa yağ asitleri bulundukları yağ depolarından karaciğere ulaşmakta zorlanır. Oysa yağlar enerjiye dönüşmek için karaciğer ve kaslara gitmelidir. Ödem sebebiyle yağların etrafındaki kan ve lenf damarlarındaki dolaşım azaldıkça yağların erimesi zorlaşır.

Asitlenmede, enerji için yağ yerine şeker kullanılır.

Sağlıklı ve asit yükü az olan bir kişinin metabolizması, besinlerden aldığı yağları, şekeri ve proteinleri enerjiye çevirebilir. Asit yükü fazla olan bir kişinin metabolizması ise besinlerden gelen yağları enerji için kullanmakta zorlanır. Proteinlerin kullanılması asitlenmeyi daha da artırır. Geriye enerji kaynağı olarak şeker kalır. Bu nedenle asitli bir vücutta enerji için şeker, protein ve yağlardan daha kolay kullanılır. Şekerin kullanılması ise daha çok asitlenme yapar. **Basit şekerler en önemli asitlenme sebebidir.**

Şekerin mevcudiyeti insülinin yükselmesine sebep olur. İnsülin kan şekerini azaltmaya çalışırken metabolizma diğer enerji kaynaklarını çabucak enerjiye çeviremediği için enerji ihtiyacını da böylece bu şekerden sağlar. Kan şekeri hızla düşer. Şeker ihtiyacı hızla artar. Tatlı krizleri olur. Alkali besinler alarak vücudun şekere olan ihtiyacını azaltabiliriz. Açlık durumunda enerji için yağlarımızın kullanılmasını kolaylaştırabiliriz.

Asitlenme dokudaki oksijeni azaltır.

Alkali beslenme dokulardaki oksijeni artırır. Asitlenmedeyse dokudaki oksijen azalır. *Oksijen olmadan yağlar yakılamaz.* Oksijen yoksa hücreler, sadece şekeri enerji için kullanabilir. Alkali olmak kan ve dokulardaki oksijeni artırır. **Oksijen mevcudiyetinde vücut, yağları da enerji için yakabilir.**

Hücre oksijensiz ortamda enerji için şekeri kullanabilir. Şekerin oksijensiz yanması vücutta laktik asit oluşumuna sebep olur. Laktik asit, dokuları asitlendirir. Fazla egzersiz yapılırsa kaslarda laktik asit oluşur. Yoğun egzersizlerde kas, tüm depo enerjilerini oksijenle yakarak bitirirse oksijensiz enerji üretmeye başlar. Laktik asit oluşumu kaslarda ağrı ve krampa sebep olur. Laktik asit oluşumunun ertelenmesi için egzersizde çok iyi nefes alıp vermek, (oksijenli solunum = aerobik) oksijen alımını artırarak alkali olmak önerilir.

Asitlenmede yağlar bel bölgesinde toplanır.

Vücuttaki asit yükünden etkilenen en önemli sindirim sistemi organımız pankreastır. Pankreas sıvısı, vücudun en alkali sıvısıdır. Yediğimiz yiyeceklerdeki asitleri nötralize etmekte pankreasın üzerine çok yük binmiş durumdadır. Yiyeceklerle gelen asitlenmeye bağlı olarak pankreasın alkali rezervinden çalınır. Daha çok asitli yiyecek yüzünden daha çok alkali sıvı harcanır.

Pankreas asitli yiyecekler yüzünden sürekli çalışıp alkali sıvı ve sindirim enzimi üretedursun, onun başka görevleri de vardır.

Kan şekerimizi düzenlemekten sorumlu insülin de pankreasın beta hücrelerinden üretilir. Pankreas, asitli besinlere alkali sindirim sıvısı üretirken yorulduğunda, insülin üretiminde de bir yavaşlama olur. Kan şekerine **"geç ama aşırı insülin cevabı"** oluşur. O sırada kanda bulunan şeker miktarı az olsa bile pankreas gereğinden fazla insülin üretir. Fazla insülin üretildiğinde, durum olduğundan daha trajik algılanır.

Besinlerle alınan enerji miktarı az olsa bile abartılı insülin sebebiyle, metabolizmaya "Kanda çok fazla enerji var" sinyali gider. Bu durumda insülin, enerjiyi yağ olarak depolama emri verir.

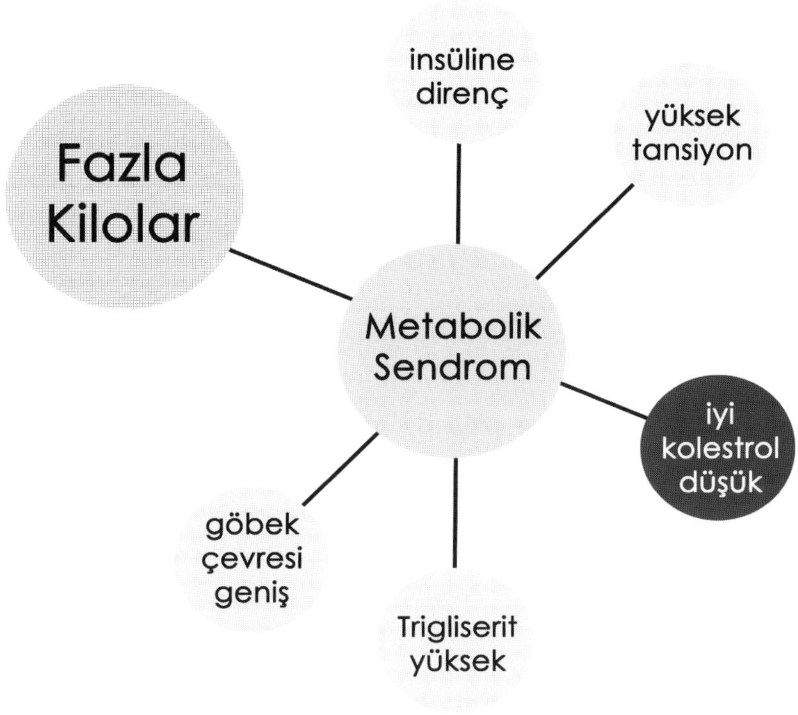

Şekil 7. Metabolik Sendrom

Metabolik sendrom, buna benzer bir durumdur. Abartılı insülin ile yağların karın bölgesinde depolanmasıyla oluşan bir sendromdur. Abartılı insülin, çabucak yağ depolanmasını emrettiğinden, hemen en yakın yere, **karın bölgesine yağ** depolanır. Bu şekilde metabolik sendroma bağlı olarak "bel-kalça oranı"nda artış olur.

Sağlıklı bir kişide pankreas, mevcut enerji miktarını doğru ölçerek, gerektiği kadar insülini kana gönderir. Normal yükselen insülin ise gereksiz yağ depolanmasını engeller. Eğer ihtiyaçtan fazla enerji varsa da bu enerjiyi kalça, basen gibi uzaktaki normal yağ depolarına gönderir. Buradaki yağlar bel-kalça oranını değiştirmez, metabolik sendrom oluşmasına yol açmaz.

Asitlenme, insülin ve glukagon hormonu arasındaki iletişimi bozar. Glukagon, yağ yakan bir hormondur, insülinin tersidir. Asitlenme artınca vücut daha fazla insülin, daha az glukagon üretir. Dolayısıyla daha çok yağ depolanır.

Çalışmalarda, idrarın asit pH'ı ile iç organ yağlanması ve metabolik sendrom arasındaki paralellik incelenmiştir. *İdrarın pH derecesi, kronik vücut asiditesini ölçmek için parametre* olarak kullanılmıştır. Sonuçta, **idrar pH'ı ile iç organ yağlanması ve metabolik sendrom arasında paralellik** bulunmuştur.

Fazla şekerin kanı asitlendirmesini engellemek için insülin bunu yakındaki yağ deposuna gönderir. Vücudun yakabileceğinden fazla miktarda olan enerji elbette depolanacaktır. *Ancak yağlar karın bölgesinde depolanıyorsa, bir asitlenme sorunu var demektir.*

Hayvansal Proteinin Asitlenmeye Etkisi

Yüksek proteinli diyetlerdeki sorun asitlenmedir. (Fazla hayvansal protein tüketmenin ürik asit yükselmesi sebebiyle gut hastalığına sebep olduğunu biliyoruz.) Gut hastalığı örneğinde olduğu gibi, fazla hayvansal protein tüketmek vücutta asit yükü yapar.

Hayvansal proteinlerin asit yükünü azaltırsak onları rahatlıkla tüketebiliriz.

- **Bu proteinlerin daha az asitlenme yapan türlerini seçerek durumu hafifletebiliriz.**
- **Bu tür proteinleri tüketirken onların asitlerini tamponlayacak mineralleri içeren alkali besinleri de beraberinde tüketebiliriz.**

* **Hayvansal proteinlerdeki doymuş yağları dengelemek için doymamış iyi yağları bu yiyeceklerle beraber alabiliriz.**

Mesele hayvansal protein almamak değildir. Bu yiyeceklerde de ihtiyacımız olan maddeler vardır. Asıl sorunu yaratan, asit yükünü dengelemek için onlarla beraber yeterince alkali besin almamaktır.

Diyetlerde kastan protein kaybedilmemesi için özellikle daha fazla protein önerilir. Oysa:

Yüksek protein alındığı halde diyet yaparken kastan protein kaybedilebilir.

Bunun sebebi hayvansal proteinlerin asitlenmeye sebep olmasıdır. Bu asitlerin atılması gerekir. Böbreğin kullandığı glutamin tampon sistemi hayvansal proteinlerdeki asitleri atmanın bir yoludur. Glutamin alkali yapan bir proteindir. Kas hacminin çoğunu oluşturur. Asit yükü fazla olduğunda böbrek glutamini de asit atmak için kullanır. Karaciğer glutaminden amonyak oluşturur. Amonyak çok zehirli bir maddedir. Böbrek bunu hemen üreye çevirir ve idrarla atar. Glutamin ile hayvansal proteinlerin asitleri vücuttan atılır. Ama azalan glutamin sebebiyle kaslar zayıflar, hacimleri azalır. Üstüne kas hacmi artsın diye daha çok protein verilirse, asitlenme yüzünden daha da çok kas kaybı olur.

Demek ki bir diyetle kasları korumanın yolu protein miktarını artırmak yerine alkali besinleri artırarak böbreğin, kasları oluşturan glutamini asit tamponu olarak kullanmasını engellemektir.

Kocaman filler, inekler boşuna mı ot yiyor?

Yağları Nasıl Depoluyoruz?

Yemekle aldığımız yağlar, ağızda ve midede değil, ince bağırsağa gelince sindirilirler. Çünkü ince bağırsağa pankreastan ve safra kesesinden yağları parçalayacak sindirim enzimleri gönderilir. Pankreastan sindirim enzimleri dışında pankreas sıvısı da gelir. Pankreas sıvısı, vücudun en alkali sıvısıdır. Bu sıvıyla yemeklerden gelen büyük yapılı yağlar, tek tek yağ asitlerine parçalanır ve safrayla paketlenip bağırsaktan içeriye alınır.

Yağlar bağırsaktan içeri girip kanda dolaşırken şilomikron adını alırlar. Şilomikronlar, yağ hücrelerine gider ve orada yağ asidi olarak (trigliserit) depolanır.

Trigliserit Nedir?

Three (3)-gliserit, üç tane yağ asidi ve bir tane de gliserit demektir. Gliserit, gliserol denen şekerden oluşmuş bir maddedir. Yağlar depolanırken hem yağın fazlası olan yağ asidi hem de şekerin fazlası olan gliserol birleşip trigliseridi oluşturur ve yağ hücresinde depolanır.

Bu gliseritteki şekerin kaynağı ise, bağırsaktan emilen şekerin vücudun ihtiyacından fazla olan kısmıdır. Karaciğere gelen şekerin fazlası, insülinin emrini yerine getirir ve yağ asitleriyle paketlenip depolanmak üzere yağ deposuna yollanır. Fazla yağ ve şeker yediğimizde, ikisi üçe bir oranında birleşip trigliseritleri üretir. Daha sonra yağ hücrelerinde depolanır.

Bu deponun dolmasını sağlayan elbette insülindir. İnsülin olmadan yağ depolanması zordur. Çünkü trigeliseritlerin içinde bir adet de glikozdan gelen gliserol olmalıdır. *Ortada hiç şeker yoksa, hiç insülin de yoktur. Bu durumda yağ depolanmaz.*

Tok olduğumuzda, özellikle yemekte insülini uyaracak basit şekerli besinler aldıysak, insülin bağırsaktan gelen yağların hemen fazla şekerle birlikte depolanmasını emreder. Onları yağ hücresine gönderir. Eğer yıllarca insülini çabuk uyaracak basit şekerli besinleri yemeyi sürdürürsek, şekerin yarattığı asitlenmeye bağlı olarak zarar gören pankreasta insülin salınımıyla ilgili sorun başlar. İnsülin duyarsızlığı denen durum oluşur. İnsülin duyarsızlığı durumunda insülin miktarı giderek kontrolsüz artmaya başlar.

Sağlıklıyken 1 birim insülin, 1 birim şekeri hücre içine sokabilir. Asitlenme yüzünden hasar gören hücre çeperi insüline duyarsızlaşır. Hücredeki insüline bağlı kapıların açılıp 1 birim şekeri içeri alması için 2 birim insülin gerekmeye başlar. İhtiyaç giderek artar, 1 birim şeker için 3, 4,5 birim insülin gerekli hale gelir. Aynı miktardaki şekeri, eskisinden çok daha fazla insülin, hücre içine sokmaya çalışır.

Tam da bu noktada, bu fazladan insülinler hücre içine şeker sokmaya çalışırken bir yandan da yağları depoya göndermeye çalışacaktır. Çünkü insülinin görevlerinden biri de budur. Hücrelerin insüline duyarsızlığı sebebiyle pankreasın normalden fazla ürettiği insülinin varlığı, vücut için çok acil bir enerji fazlalığı olduğuna dair tehlike sinyali verir. Çünkü insülin hep enerji varken ortadadır. Bu tehlike sinyali ve fazla insülin, hemen eskisinden daha çok ve daha hızlı yağ depolanmasını emreder. Eskisi gibi uzak bölgelere göndermeye uğraşmaktansa hemen yakına, karın bölgesine depolar. Bunu yaparken *lipoprotein lipaz* adlı enzimi çalıştırır. Bu enzim, *yağ deposundan sorumlu enzimdir*. İnsülinden emir alınca yağları ve şekerin fazlasını trigliserit olarak yağ hücresinde depolar. Yağları karın bölgesine depolayan da bu enzimdir.

Gençlikte insülin duyarsızlığı henüz oluşmadığı için kanda insülin miktarı az olur. İnsülin miktarı az olduğunda yemekten sonra tehlike sinyali verimez. Yağ depolamak için bir aciliyet yoktur. Lipoprotein lipaz enzimi de enerjinin fazlasını, normalde yağ deposu için uygun olan kalça ve basenlere gönderecek vakti bulabilir, bel bölgesinde biriktirmez.

Bel bölgesine kilo almada en önemli sebep akşam yemeğidir.

Akşam geç saatte yenen yemek sonrası yükselen kan şekerine cevap olarak ortaya çıkan insülin, lipoprotein lipaza acilen yağ depolama emri verir. Akşam yemeğinde çok az miktarda şekerli besin alınsa bile durumun aciliyeti değişmez. Çünkü vücudun biyolojik saati, uykuya yakın zamanda olduğumuzu bilir. Enerji harcayacak vakit yoktur. Bir an önce yemekteki enerji depolanmalı, ortalık temizlenmelidir. Ve fazlalıklar yakın yerlere, yani bele ve karna depolanır.

Akşam yemeği bel-kalça oranını artırır. Sağlıklı olmak için bel-kalça oranının düşük olması, baskülün tarttığı kilodan daha önemlidir. Bele alınan kilo ömrü kısaltır, kalp ve damar hastalıklarına, diyabete davetiye çıkarır. 35-40 yaşlarından itibaren çoğunlukla bel-kalça oranı artar, bel kalınlaşır. Bu yaşa kadar süren asitli beslenmenin izdüşümü kalın bir beldir. Herkesin gözlemlemiş olabileceği gibi, galiba bu eskidendi; şimdiki gençler de bel bölgesinden kilo alıyorlar. Çünkü çok fazla şekerli, boş karbonhidratlı ürün yiyor, kızartma, kola gibi hazır yiyecekleri tüketiyorlar. Bizim 40'larımızda yaşamaya başladığımız asitlenme sorunlarını onlar 20'lerinde yaşıyorlar.

Yağ Nasıl Yakılır?

Pankreas vücudun diyetsel durumuna en duyarlı organdır. Sürekli olarak kan şekeri düzeyini gözetler. Yiyeceklerle karbonhidrat aldığımızda, kan şekerini dengelemesi için insülini üretir. Açlık durumunda ise kan şekeri düştüğünden, yağların yakılması için glukagon hormonunu salar. İnsülin ve glukagon birbirinin tersi çalışır.

Glukagon yağ yakar.

Glukagon yağ hücresinde trigliserit olarak depolanan yağı, önce 3 adet yağ asidi ve 1 adet gliserol haline getirir. Bunu "hormona hassas lipaz" isimli bir enzimle yapar. Parçalanan trigliseritlerdeki gliserol kısmı glikozdan oluşmuştur. Bu gliserol karaciğere gider ve ilk haline, glikoza dönüşür. İşte bu glikoz açlıkta gerekli şekerin kaynağıdır. Bu şekeri beyin ve eritrositler kullanır. Kalan üç yağ asidini ise enerji için kullanılacakları yerlere gönderir. Kalp kası, vücut kasları, iç organlar bu yağ asitlerini enerji için kullanır. Sadece beyin ve eritrositler yağ asitlerini enerji için kullanamaz.

Yağ asitleri, bir oksijenli yanma olayı olan Beta oksidasyonla hücrelerde yanıp enerjiye yani ATP'ye (adenozin trifosfat) dönerler.

Ancak yanma sonucu karbondioksit açığa çıkar. Vücut bu karbondioksiti nefesle attığı karbondioksit gibi atmak zorundadır. Ayrıca yağ asitleri parçalanınca içlerindeki asit hidrojen iyonları da ortama salınır. Yağ yakımı sonucu oluşan hidrojen iyonları ve karbondioksit mevcudiyeti vücudu asitlendirir.

Yağ Yakmanın Asitlenmeye Katkısı Nedir?

Cevap: Yağların içindeki karbondioksit ve hidrojen iyonları...

Yağ asidi enerjiye dönüşmek için oksijen ile hücre içinde mitokondri denen yerde yanmalıdır. (Yağdan kilo vermek için bol nefes alınan kardio egzersizleri önerildiğini hatırlayalım.) Bu oksijenli yanma sonucu ortaya çıkan enerji, ATP enerjisidir. Bu enerji, karbonhidrat ve protein yakımından elde edilenin iki katıdır.

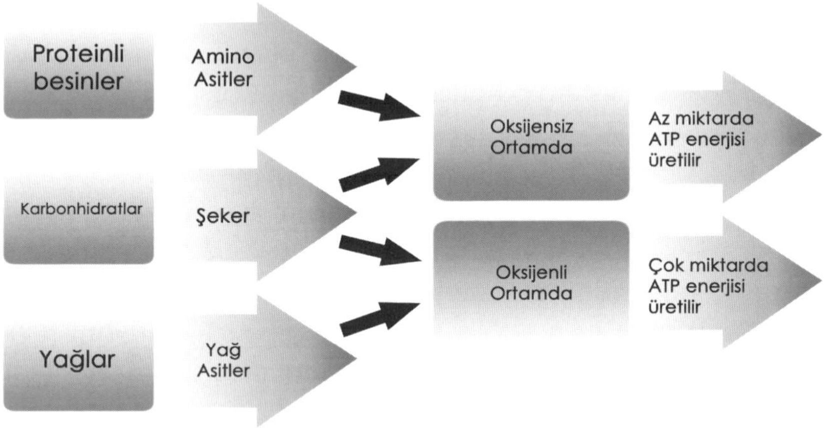

Şekil 8. Oksijenli-Oksijensiz Yanma

Yağ yakımı sonucu, enerji dışında asit son ürün olan karbondioksit de oluşur. Oluşan karbondioksidin vücuttan atılması gerekir. Karbondioksit su ile birleşince *karbonik asit* oluşur. Karbonik asit, eğer akciğere giderse bu nefesle verdiğimiz karbondioksidi oluşturur. Ama bir miktarı kanda kalır. Kanda kalan karbonik asidin bir kısmı ise tekrar parçalanarak ortaya (H^+) hidrojen iyonu çıkarır. Vücutta hidrojen iyonu ne kadar çoksa asitlenme de o kadar çoktur.

Yağ yakımı sonucu çok fazla enerji üretilir ama ortaya çok da asit artık çıkar. Yağ deposundan ayrılıp kullanılacağı organa gelen bu asitler, enerjinin üretildiği alanda asitlenme yaratır.

Yağların Zincir Uzunlukları

Yağ yakımında ve depolanmasında başka bir önemli nokta, yağların zincir uzunluklarıdır.

Yağlar karbon sayılarına göre uzun, orta, kısa zincirli olarak da sınıflandırılırlar. Kısa ve orta zincirli yağları içeren besinler alındığında, bu yağlar bağırsaktan rahatça geçer. Depolanmadan mitokondriye gider, enerjiye dönüştürülürler.

Vücut besinlerle alınan kısa ve orta zincirli yağları depolamak istemez. Bunlar kolayca enerjiye çevrilen yağlardır; hindistancevizi yağı gibi.

Ama *uzun zincirli yağların enerjiye çevrilmesi yerine, depoda tutulmaları tercih edilir*. Çünkü bu yağlar kolayca mitokondriye gidip enerjiye dönüşmez. Peroksizom denen hücrenin başka bir yerinde enerjiye dönerler. Peroksizomda, uzun zincirli yağ asidi yakımı olur. Uzun zincirli yağ asitlerinin içinde asit hidrojen iyonlarından çok daha fazla vardır. Uzun zincirli yağların yakımında oluşan bu asitler aynı zamanda serbest radikal de olduğu için hücreye zarar verir. Peroksizomdaki *katalaz* isimli enzim bunları nötralize etmek için uğraşır.

Oysa pankreasın beta hücrelerinde katalaz enzimi azdır. Uzun zincirli yağ asitleri, enerji için kullanıldığında pankreasın beta hücrelerini harap ederler. Beta hücrelerinden üretilen insülinin duyarsızlaşmasına neden olurlar. İnsülin duyarsızlığı ilerledikçe yağ depolanması artar. **Ne kadar çok insülin varsa o kadar çok yağ depolanır.**

Vücut kısa ve orta zincirli yağları depolamak istemez. Onları hemen enerjiye çevirirken, depolanan yağlar beslenmeyle alınan uzun zincirli doymuş yağlardır. Besinlerle aldığımız uzun zincirli doymuş yağlarla fazla kilolarımızı oluşturan yağlar aynı tür yağlardır. Vücut hem besinlerle gelen hem de yağ deposunda bulunan bu tür yağları enerjiye çevirmek istemez. Çünkü bu yağları enerji için kullanan organlar, yağları yakarken ortaya çıkan asitlerden zedelenir. Beyin ve eritrositler dışında her organ bu yağları enerji için kullanacak mekanizmaya sahiptir.

Vücudun kendini korumak için yağ depolarını mümkün olduğunca geç devreye sokmak istemesini anlıyoruz. O yağların içinde bulunan, vücudun asit yükünü artıran (H^+) hidrojenlerdir. Yağlar yanınca bunlar ortaya çıkar, doku asitlenir.

Yağ yakımından gelecek bu asitlere yeterince alkali bir ortam sağlarsak yağlarımız vücut tarafından direnmeden harcanır. Alkali olarak kilo vermenin önemi buradadır.

5. BÖLÜM:
ASİTLENMEYE YOL AÇAN YİYECEKLER

1- YANLIŞ YAĞLAR
Yağın Cinsi Neden Önemlidir?

Doymuş Yağlar:

Besinlerle aldığımız doymuş yağların "doymuşluğunu" belirleyen, yağın içindeki hidrojenlerdir. Bu yağlar içlerindeki fazla (H^+) iyonlarıyla, hidrojene doymuşlardır. Hidrojene doymuş demek, fazladan hidrojen alacak yeri yok demektir. Dolayısıyla doymuş yağlar tüketildiğinde, vücutta asit oluşturan diğer hidrojenleri alamazlar. Vücudun asit yükünü azaltamazlar. (Hidrojen aynı zamanda bir proton da olduğu için, doymuş yağlar proton yüklüdür.)

Doymuş yağın asitlenmeye diğer bir katkısı, enerji için yakıldıklarında ortaya çıkan hidrojenlerin ve karbondioksidin ortamdaki asitlenmeyi artırmasıdır. Vücut bunları enerji için de kullanmak istemez.

Hayvani yağlar ve margarinler doymuş yağlardır. Vücut için en iyi seçenek bunları depolamaktır.

Doymamış Yağlar:

Doymamış yağlar, monoansatüre ve poliansatüre yağlardır. Mono, tek; ansatüre, doymamış demektir. Poliansatüre, çoklu doymamış anlamına gelir. Bu yağlar hidrojene (H) doymamışlardır. Ortamdaki asit yükünü üreten hidrojenleri (H) kendi üzerlerine alabilirler. Bu şekilde asitlenmeyi azalttıkları için alkali yağlardır.

Omega 3 Yağları:

Damar sağlığında omega 3 yağları çok önemlidir. Bunu sebebi, *omega 3 yağının hidrojenleri alabilecek doymamış yerlerinin çok olmasıdır*. Kendisi bu asitleri alabilir. Bu şekilde kandaki asitlerin hücre zarlarına ve damarlara zarar vermesini engeller. Böylece karaciğerin, damardaki asitleri tutması için gönderdiği başka bir tür doymamış yağ olan LDL kolesterole ihtiyaç azalır. LDL kolesterol üretiminde amaç, kandaki asitlerin damar çeperine zarar vermemesidir. Omega 3 yağları, LDL kolesterolle aynı işi yapar. Omega 3 yağı bu nedenle damar sağlığı için faydalıdır.

Balık Eti Neden Öteki Hayvansal Etlerden Üstündür?

İçindeki balık yağı, omega 3 grubu doymamış yağdır. Bu yağı içerdiği için balık, çok iyi bir protein kaynağıdır. Diğer hayvansal proteinler doymuş yağları sebebiyle asitlenmeye katkıda bulunurken, balık beraberindeki doymamış omega 3 yağı sayesinde vücudun asidini temizlemeye yarar. ***Sağlıklı olmak için haftada üç öğün balık bu yüzden önerilir.***

Ette ise doymuş yağ vardır. Bu doymuş yağın, etin sindirimi sonucu oluşan asitlenmeyi temizlemeye katkısı olmaz. Bu yüzden kırmızı et daha az önerilir. Kırmızı eti fazla tüketmek çok ciddi bir asitlenmeye sebep olur. Fakat kırmızı et yerken yanında alkali yapan çiğ sebzeleri tüketerek kırmızı etin neden olacağı asitlenmeye bağlı sorunları azaltmak mümkündür.

Trans yağlar, hidrojene yağlar, yüksek ısıda kızartma yapılmış yağlar, hazır yiyeceklerdeki yağlar gibi yağların sağlığa zararlı olduğunu söylemeye gerek yoktur. Bu tür yağların zararları, yüksek asitli ve serbest radikal yüklü olmalarından kaynaklanır. Vücut asit temizlemek için bu yağlardan yararlanamaz. Bu yağların kendileri asit yüklüdür. Bu tür yağları enerji için yakarken vücudun asit yükü daha çok artar. Bu yağlardan enerji elde edilirken vücudun alkali rezervleri azalır.

Oysa doymamış yağlar, vücuttaki (H^+) hidrojenleri ve serbest radikalleri kendi üzerlerine alan yağlardır.

Hücrenin zarı doymamış yağla doludur.

Basen, kalça gibi yağ depolarındaki yağlar, doymuş katı yağlardır. Vücudun öteki organlarındaki yağlar ise doymamış yağlardan oluşur. Hormonların yapıldığı yağlar, eklem esnekliğimizi sağlayan yağlar, doymamış yağ yapısındadır. Beynin iyi çalışması, içindeki doymamış yağla orantılıdır.

Milyarlarca hücremizin her birinin etrafında doymamış yağlardan oluşan iki katlı zarlar vardır. Her hücre çeperinin bir tür doymamış yağlı zarla çevrili olması şarttır. Hücrelerin doğru çalışabilmesi, zarlarının yapısına bağlıdır. Beyindeki hücrelerin birbirileriyle iletişime geçebilmesi için, bu hücrelerin zarlarındaki doymamış yağların hasar görmemiş olması gereklidir. Beyin hücrelerinin zarlarındaki doymamış yağlar azalırsa hücrelerin arasındaki iletişim eksikliğine bağlı depresyon, unutkanlık gibi hastalıklar başgösterir. Beyin gibi vücuttaki her organın hücrelerinin hücre zarlarının sağlam olması, o organın sağlıklı fonksiyonu için elzemdir.

Tüm hücrelerin içinde her saniye pek çok metabolik olay gerçekleşmekte ve süreçler sonucu asit artıklar (serbest radikaller) ortaya çıkmaktadır. Eğer hücre içindeki temizlik sistemleri serbest radikallere yeterli elektronu sağlayamazsa, bunlar ihtiyacı olan elektronu hücre zarından çalarlar. Hücre zarı doymamış yağ kaplı olduğu için, fazladan elektron verecek kapasitesi vardır. Bu şekilde hücre zarı serbest radikale elektron vermiş, serbest radikali yok etmiş olur. Bu durumda hücre içindeki asit yükü azalır. Böylece hücre içindeki DNA gibi, hücre zarından daha önemli yapıların zarar görmesi engellenmiş olur. Ama doymamış yağ yapılı hücre zarının elektron veren bölümü, doymuş yağlı hale gelir.

Bu ilerledikçe hücre zarının ideal esnekliği ve iletişim kabiliyeti kaybolur. Hücre zarı sertleşir, çünkü doymuşluk, katılık getirir. (Mutfaktaki doymuş yağların da katı olduğunu hatırlayalım.)

Beslenmemizde ne kadar doymamış yağ alırsak, hücrelerin kendi doymamış yağdan oluşan zarlarını sertleştirmesini o kadar önleriz.

2- ŞEKER

Şeker, vücudun kısa dönemde enerji kaynağı ama uzun dönemde en önemli asitlenme kaynağıdır.

Yiyeceklerden aldığımız fazla şekerin başına gelecekler şöyledir:

1. Pankreas, şekeri gördüğü anda insülin üretir. İnsülinin tek derdi kandaki fazla şekerden kurtulmaktır.
2. İnsülin, kandaki şekeri hücrenin içine sokmak ister. Şeker burada enerjiye çevrilmelidir.
3. İnsülin, şekerin bir kısmını ise kasta ve karaciğerde enerji deposu olarak tutmak ister.
4. Kanda hâlâ fazla şeker varsa, insülin bunları yağlarla birleştirip yağ deposuna gönderir.
5. Kandaki şeker yeterince azalmadıysa artık insülinin yapacağı hiçbir şey kalmadığı için, vücut mutlaka bu şekeri kandan uzaklaştırmanın yolunu arar. Bu yolların sonu çeşitli hastalıklardır.

Şekerin kandan uzaklaştırılması için son çare nedir?

Glikasyon - Uhu gibi yapışan şeker.

Neye mal olursa olsun, şekerin kanda belli seviyenin üstüne çıkmaması sağlanmalıdır. Yukarıda sayılan insüline bağlı çabalar yetmediğinde, şöyle bir kimyasal reaksiyon başlar: Kandaki fazla şeker kendisini insülin olmadan içeri alabilecek hücreler arar. İnsülinden bağımsız şeker kabul eden bu hücreleri içeren bazı vücut proteinlerine saldırır. En sevdiği şeyse, vücutta en çok bulunan protein olan kollajene saldırmaktır. Kollajen cildin ve eklemlerin ana maddesidir.

Şeker kollajen dışında damar çeperi hücreleri, iç organlarındaki düz kaslar, bağışıklık hücreleri, akciğer, böbrek, karaciğer, beyin hücreleri ve eritrositleri sever. Bunlara saldırır.

Bu saldırı, hiçbir enzim veya hormonun devreye girmesine gerek kalmadan kendiliğinden oluşur. Şeker ile vücut proteinleri ve lipitleri arasında geridönüşümsüz bir bağlantı oluşur. Şeker, uhu gibi, kendini vücut proteinlerine ve lipitlerine yapıştırır. Bu yapışma sonucu iki tarafın da doğal yapısı bozulur. AGE denen birtakım zararlı son ürünler, ROS adı verilen serbest radikaller oluşur.

AGE, şekerlenmiş son ürünler anlamına gelir. Şekerin proteinlere geridönüşümsüz yapışmasından oluşur. Bu yapışma o proteinin esnekliğini bozar. Esnekliği bozulup sertleşen proteinlerin bulunduğu organda fonksiyon bozulur.

AGE oluşumunu durdurma konusuna bazı medikal firmalar büyük araştırma fonları ayırırlar. Çünkü **AGE oluşumu durdurulursa diyabete bağlı damar, göz, böbrek sorunları, Alzheimer hastalığı, hatta selülit ve cilt sarkması sorunları bile çözüme kavuşacaktır.** Henüz, şekerle bu proteinler arasındaki çapraz bağlanma ve bunun sonucu olan AGE'leri engelleyebilecek bir ilaç üretilmemiştir. Eğer böyle bir ilaç üretilseydi diyabet bir yana cildimizde hiç sarkma olmazdı. *Yüz ve vücuttaki sarkmanın % 40 sorumlusu, şekerin cilt kollajeni ile yaptığı çapraz bağlanma sonucu cildin elastikiyetini kaybetmesidir.*

Bahsettiğimiz bu olayın adı glikasyondur ve temel yaşlanma sebeplerinden biridir.

Bu şeker-protein yapışıklığından oluşan AGE'ler, sadece vücutta olmaz, hazır olarak dışardan yiyeceklerle de alınır. "Karamelize" sözü tam da bu glikasyonu ve AGE'leri anlatır. İşlemden geçmiş, fazla ısıtılmış, kızartılmış ürünler AGE'lerle doludur. **Yemekleri düşük ısıda, 40 derecenin altında, yavaş ve uzun sürede pişirmeli ya da buharda, suda haşlamalıyız**. Kızartma gibi besinler AGE doludur. 120 derecenin üstünde kızartılan ve içinde nişasta (şeker) olan patates kızırtmasının ne kadar asit AGE yüklü olduğunu söylemeye gerek yoktur.

Bazı yiyeceklerin içindeki AGE miktarı:
Diyet kola...9500 unite/gr
Soya sosu..8700 u/gr
Kola...8500 u/gr
1 dilim kek...4024 u/gr
Kahve...2200 u/gr
Çay..2000 u/gr
Kahvaltı gevrekleri....................................1093 u/gr

Şeker, glikasyon ve AGE'ler yine bizi asitlenme konusuna getirir.

Glikasyonda, yani şekerin proteine yapışmasında AGE'ler dışında, ROS'lar da oluşur. ROS'lar serbest radikallerdir. Serbest radikaller, proton yüklü maddelerdir. Tıpkı (H^+) hidrojen iyonları gibi, ortamdan elektron çalmak isterler. Serbest radikallerin mevcudiyeti asitlenme yapar. Serbest radikallere hücre içinde yeterince elektron bulunamazsa, bunlar elektron çalmak için hücre çeperine ve hücre DNA'sına saldırırlar. Bu şekilde fazla şeker yüzünden hem protein yapılarının esnekliği bozulur hem de hücre DNA'sı serbest radikal hasarına uğrar.

Şekerle protein arasındaki bu geridönüşümsüz yapışma (glikasyon) damarda olunca, bu hasar damar çeperindeki (NO) nitrik oksit üretimini azaltır. Nitrik oksit, damarı genişleten bir maddedir. Bu maddde olmazsa damarların genişlemesi azalır. Glikasyon, damar hücrelerine yapışan şeker anlamına da geldiği için, damarın esnekliği de azalır ve damar sertleşir. Damar sertliği ve damarı genişleten nitrik oksit azalması diyabete bağlı **tansiyon, dolaşım ve ereksiyon problemlerinin** de temelidir. (LDL kolesterol, glikasyonun oluşturduğu serbest radikallere bağlı asitlenmeden damarı korumak için de çoğalır. Demek oluyor ki, **sadece kötü yağlar değil, şeker de LDL kolesterolü yükseltir**).

Kan şekerini normale çekmek vücut için hayati önem taşır. Vücut, tıpkı kan pH'ının asla 7,35-7,45 aralığından asit tarafa kaymasına izin vermediği gibi, şekeri de hep açlık seviyesine yakın tutmak ister. Bunu sağlayan pankreas iyi çalışmaz ve eğer insülin duyarsızlığı oluşmuşsa sorun başlar.

Pek çok insan, kendisine diyabet tanısı konmadıysa konunun kendisini ilgilendirmeyeceğini sanır. Oysa her gün, her yaştan ve her cinsten insan farkında olmadan bu şeker mücadelesini verir. Pankreas baş edebildiği için yıllarca hiçbir şey fark etmeyiz. Ama orta yaştan sonra hastalıklar başlar. Metabolik sendrom, kilo, yaşlanma gibi...

Vücut için şekerden kurtulmanın ucuz yolu onu vücutta en çok bulunan protein olan kollajene yapıştırmaktır. Sarkan cilt, kırışıklıklar, sellülit bu sebeple olur. Ama daha ciddi hastalıklar da zamanla ortaya çıkar. **Damar sertliği, böbrek hastalıkları, Alzheimer** da glikasyon hasarına bağlı hastalıklardır. Durum, bu şekilde basitten daha ağır hastalıklara doğru ilerler.

Glikasyona bağlı protein tahribatının ne şiddette olduğunu ölçmek mümkündür. Mesela eritrositlerdeki glikasyonu ölçen hemoglobin A1c testiyle. Eritrositlerin ömrü 120 gündür. Eritrositlerin içerisinde hemoglobin isimli bir protein vardır. Kandaki fazla şeker, eritrositlerin hemoglobin proteinine yapışır. Dolayısıyla 120 günlük sürede kan şekerinin yüksekliğine bağlı olarak hemoglobin A1c'yi yüksek buluruz.

Şeker türlerine göre glikasyon tehlikesinin boyutu da değişebilir. Glikoz türündeki şeker, fruktoz ve galaktozdan daha masumdur. Fruktoz, glikozdan on kez daha fazla glikasyon oluşturur. Yani **aslında meyve şekeri olan fruktoz, bizi normal şekerden daha fazla yaşlandırır**. Fruktoz insülinden bağımsızdır. İnsülinden emir almadan hareket eder, depolanmak yerine vücut proteinlerine yapışarak yüksek oranda glikasyona sebep olur. Bu nedenle şeker içeriği düşük meyvelerin tüketilmesi gerekir.

Neredeyse herkes gereğinden fazla şeker tüketiyor. Ne kadar şeker aldığımızı da tam olarak bilmiyoruz. Modern beslenmenin ambalajlı gıdaları çok fazla gizli şeker içeriyor. Doğal olarak vücudun asit-alkali kimyasını bozan yiyeceklerden bahsederken, şekere sadece bir bölüm düşüyor. Ancak şeker suistimali, şeker bağımlılığı, basit karbonhidratların tüketimi çok ciddi boyutlarda. Bu kadar şekere ihtiyacımız yok.

Bu kitapta konu edilen asiditeye sebep olan en önemli sorumlunun kim olduğu sorulsa, cevap şeker olacaktır.

Bizim de kedi ve köpekler gibi insülinimiz olmasaydı daha en başından şeker yiyemeyecektik. Oysa gelişmiş organizmamız insülinle kendini korumaya çalışıyor. Bizler de onu zorluyoruz.

Şekerin zararları sadece asitlenmeye sebep olması değildir.

* Laboratuvarda şekerin immün sisteminin gücünü azalttığını çok basit ölçümlerle görebiliriz. Biraz basit şeker kullanımından sonra kandaki birinci savunma sistemimiz olan lökosit sayısının azaldığını tespit edebiliriz. Savunma sistemimiz az miktardaki basit şekerle bile zayıflar.
* Şekerin yarattığı asitlenme, hücredeki oksijeni azaltır. Oksijeni azalan hücre, bolca şekeri varsa ve savunma sistemi de iyi çalışmıyorsa, kanser hücresi olmak için uygun şartlara sahiptir.

PET tarama testi denen bir tür radyoloji yöntemi vardır. Damardan verilen şekerli suyu kanser hücreleri, diğer sağlıklı hücrelerden daha çok kullanır. Bu farka bakılarak tümörün vücuda yayılıp yayılmadığı anlaşılır. PET filminde şekerli suyu kanserli hücrelerin ne kadar çok sevdiğini açıkça görürürüz. *Doktorlar, kanser hücrelerinin şekeri sevmesi mantığını kullanarak kanser tanısı yaparken, nasıl olur da şekerin kansere sebep olduğunu açıkça söylemezler?*

Bana göre şeker=sigara. Sigara gibi şeker de otuz yılda sağlığı yavaş yavaş çökertir.

* Fazla şekerli yediğimizde halsiz ve güçsüz hissettiğimiz olur. Şekerin yıkım ürünlerinden biri asit aldehit neden bir son üründür. Asit aldehit yorgunluk yapar, net düşünmeyi zorlaştırır. Organ sistemlerinin fonksiyonlarına olumsuz etkisi vardır. Buna endokrin sistem ve üreme sistemi de da-

hildir. (Bir tedavi seçeneği olarak, tüp bebek kliniklerinde kısırlık sorunu olan kadınlara kan şekerini düzenleyen bir tür diyabet ilacı verilir. Aslında görünürde bu kadınların şekeri normaldir. Birkaç ay sonra polikistik over ya da kısırlık tanısı konmuş bu kadınlar arasında hamile kalanlara rastlanır.)

Karaciğer bu asit aldehiti alkole çevirerek atar. Hepimiz alkolün zararlarının farkındayız. Fazla şekerin fermante olması sebebiyle oluşan asit aldehit ve ondan oluşan alkol de aynı zarara sahiptir. Çok tatlı yedikten birkaç saat sonra hissettiğimiz sarhoşluk, konsantre olamama ve uyuşukluk halinin yüksek insülin dışında bu durumla da ilgisi vardır.

* Basit karbonhidratlar yediğimizde bunlar hızla kana karışır. Beynimizde kendimizi neşeli hissetmemizi sağlayan mutluluk hormonu serotoninin salınımı, kısa bir süre için artar. Pankreasın, kan dolaşımındaki yüksek şekere karşılık gönderdiği insülinle aniden kan şekeri seviyesi düşerse, serotonin seviyeleri de düşer. Hipoglisemi dediğimiz durum meydana gelir. Dolayısıyla, enerjimiz düşer, kendimizi iyi hissetmeyiz. Daha fazla karbonhidrat ve şeker için dayanılmaz bir istek duyarız. Kadınlar özellikle adet dönemlerinde veya kendilerini stresli hissettiklerinde, basit şekerli karbonhidratlar yiyerek, farkında olmadan serotoninlerini yükseltmeye çalışırlar.

Pek çok kadın kilo verebilmek ya da kilosunu korumak amacıyla kalori hesabı yaptığı için az miktarda kalori almak ister. Kısıntıyı protein ve yağlardan yapar. Çünkü karbonhidratlar onu iyi hissettiriyordur. Bu durumda karbonhidrata bağımlı beslenme, bahsettiğimiz her türlü tahribata sebep olur.

* Bu tahribatın içinde şekerlerin kollajenle yaptığı geridönüşümsüz çapraz bağı özellikle hatırlayalım. Bunun bizi hızla yaşlandırdığını unutmayalım. Cildimizin kırışması, yüzümüzün, vücudumuzun sarkması, selülitlerimiz, gereğinden fazla şekerin bize ödettiği estetik bedellerdir.

3- YANLIŞ PROTEİNLER

Asitlenmeye yol açan yiyeceğin kendisinin asitli olması gerekmez. Sindirildikten sonra ortaya çıkan son ürünlerin asitlenmeye katkısının olup olmadığı önemlidir.

Bu ayrıntıyı hatırlattıktan sonra, hayvansal proteinlerin normalde asit pH'lı olmadıklarını, sindirildikten sonra ortaya çıkardıkları ürünler sebebiyle bizi asitlendirdiklerini belirtmekte fayda var.

Hayvansal proteinler sindirim sonucu oluşturdukları ürünler sebebiyle yüksek asitlenme sebebidir.

Sindirim sonrası oluşan asit ürünler, **sülfürik asit ve fosforik asittir:**

Sülfürik Asit ve Fosforik Asit:

Hayvan etlerinde sülfür içeren aminoasitler vardır. Bu sülfür vücutta sülfürik asit olarak asitlenmeyi artırır. Ayrıca sindirim sonrası fosforik asit oluştururlar. İkisinin de atılım yolu böbreklerdir.

(Fosforik asit demişken kolanın içinde de fosforik asit olduğunu, bunun atılması için 32 bardak suyun ve bolca kalsiyumun boşa harcandığını hatırlayalım.)

Araşidonik Asit:
Kırmızı et ve yumurta sarısı başta olmak üzere, hayvansal proteinlerin sindirimiyle vücutta araşidonik asit oluşur. Araşidonik asit, ortamdaki omega 3 yağı miktarı yeterliyse anti-enflamatuar ürünlere dönüşür. Ama omega 3 yağları yerine omega 6 yağları fazla ise vücudu harap eden enflamatuar ürünlere dönüşür.

Azot:
Karbonhidrat ve yağlardan farklı olarak proteinlerin içinde N harfiyle gösterilen azot vardır. Bu azotun fazlasının atılması gerekir. Proteinlerin fazlası protein olarak depolanamaz. Azot zehirli atık amonyağın içindeki maddedir.

Doymuş Yağ:
Hayvansal protein kaynakları doymuş yağ içerir. Doymuş yağ, içindeki fazla hidrojenlerden dolayı zararlıdır.
Bu sebeplerden hayvansal proteinler aşırı asitlenme yapar.

Hayvansal proteinlerden oluşan asitler böbrekten atılır.

Böbrek, fazla hayvansal proteindeki asidi atmak için **kandaki tamponları bitirir.**
Önce kandaki asit tamponları, kalsiyum ve magnezyum ve karbonatı bitirir.

Osteoporoza neden olur.

Hâlâ tamponlanmamış asit varsa kemikten kalsiyum ve magnezyum minerallerini çalar. Hayvansal proteinlerdeki sülfirik ve fosforik asitleri bu şekilde tamponlamaya çalışır.

Kas kaybına sebep olur.

Proteinlerdeki, (N) ile gösterilen azotun fazlası depolanamaz, atılmalıdır. NH3 yani amonyak, 1 protein (N) azotu ile 3 (H^+) hidrojen iyonunun birleşmesinden oluşur. Bu, protein azotlarının vücuttan atılım yoludur. Kasların içinde bulunan glutamin aminoasidi, amonyak oluşumu için kullanılır. Glutaminin özelliği vücutta en çok bulunan aminoasit olması ve depolandığı yerin kas olmasıdır. Ayrıca asit tamponlayan glutaminin özelliği, diğer aminoasitlere nazaran bir değil iki tane azot (N) içermesidir. Glutaminin taşıdığı bu azotlar, amonyak (NH3) olur ve sonra üreye çevrilerek idrarla atılır.

Proteinle asitlendiğimizde kaslardaki glutamin miktarı düşer.

Vücut ironik biçimde, proteinlerden gelen asidi atmak için kastaki proteinleri harcar.

Hayvansal protein tüketilmesinin asitlenmeye etkisi yaşlanma ile artar. Çünkü böbreklerin asit tamponlama kapasitesi azalır. Kastan glutamin çalındıkça kas kaybı da yaşlanmayla artar. Tıpkı asitlenme yüzünden kemiklerimizin kaybına sebep olan osteoporoz gibi, yaşlılıkla kas kaybının da normal olduğu düşünülür. Bu kayıp bizi yaşlı ve yorgun hale getirir.

Aslında kaslar kendilerini yüzde yüz yenileyebilecek güce sahiptir. İsterseniz 60 yaşında, 30 yaşındaki kas hacminize kavuşabilirsiniz.

Vücut, kendini mevcut kas kütlesi kadar genç sanır. Testosteron hormonu ve kas kitlesi doğru orantılıdır. Kas kütlesi arttıkça testosteron hormunu artar. Vücudun bazal metabolizması da kas kütlesiyle doğru orantılıdır. Ne kadar kas varsa metabolizma o kadar hızlı çalışır. Yakılan kalori miktarı da o kadar çok olur.

Genç birinde vücut kompozisyonu % 30 kas, % 20 yağ, % 10 kemiktir. Oysa 75 yaşında kas hacmi % 15 düşer, yağ miktarı % 40'a yükselir, kemik hacmi de %7 ve altına düşer.

Vücut kitle indeksi ile diyetteki asit yükü ters orantılıdır.

Kastan kaybetmek istemiyorsak diyetteki proteinleri, alkali yiyecekler tüketerek ve alkali mineral destekleri alarak tamponlamalıyız.

Protein Diyetlerinin Tercih Edilme Sebebi:

Hayvansal proteinlerin diyetlerde tercih edilmelerinin sebebi, karbonhidrat ve şeker içermedikleri için insülin cevabı oluşturmamalarıdır.

İnsülin olmadığı sürece de yediklerimiz yağ olarak depolanamaz.

Buraya kadar her şey yolunda gözüküyor. Atkins ve Dukan diyetlerinde tarif edildiği gibi, proteine dayalı diyetler, başlangıçta hızlı kilo kaybına sebep olduğu için tercih edilir. Ancak proteinlerin yarattığı aşırı asitlenme, bir süre sonra yağ depolarından yağ kaybını azaltır. Bu asitlerin atılması için kas ve kemik kaybı oluşur. Protein diyeti yapanlardaki ağız kokusu, idrar ve dışkı kokusu asitlenmenin şiddetini gösterir.

İnsülini uyarmayan karbonhidratsız beslenme şekli doğrudur. Ancak hayvansal protein miktarı düşük tutulmalı ve bu proteinler mutlaka alkali çiğ sebzelerle beraber tüketilmelidir. Ancak bu şekilde sağlıklı kalarak, sadece yağ depolarından kilo kaybetmek mümkündür. **Şimdiye kadar önerilen diyetlerdeki eksik nok-**

ta budur. Bu eksikliği tamamlamak için hep benzer durumları örnek gösteriyorum. Fazla şeker ve protein yüzünden kemikteki kalsiyumun yok olması... Bu iki kayıp da farklı şekillerde, vücut, yol açtıkları asitlenmeyi atmaya çalışırken meydana gelir.

Azalan kalsiyumu kemik yoğunluk filmiyle veya laboratuvar testleriyle kolayca ölçmek mümkündür. Laboratuvarda, yaşlı hastalarda böbreğin asit atmak için kemiklerden çektiği kalsiyumu idrarda ölçebiliriz. 24 saatlik idrar testlerinde kalsiyum ölçerek, kemik yıkımıyla ilgili bilgi sahibi oluruz.

Genç ve orta yaşlı kişilerde idrarda kalsiyum miktarının normal bulunması, böbreğin asit tamponlamak için kalsiyumu kemikten çekmediği anlamına gelmez. Sadece asitlenmeye bağlı kalsiyum kaybı, henüz ölçümlere yansıyacak kadar ilerlememiştir. Testlerin normal çıkması asitlenme olmadığını göstermez.

Değerlendirmede asıl kriter, idrar pH'ıdır.

İdrar pH'ı ne kadar asitse vücuttaki asit yükü o kadar fazladır. İdrar pH'ı rutinde nadiren umursanır. İdrarın çok asitli olması normal algılanır. Elbette idrar asitlidir, çünkü asit atılım yoludur. Ama idrar, ter, tükürük pH'ları vücuttaki asit yüküyle yakından ilişkilidir.

İdrar pH'ını en çok hayvansal proteinler asitlendirir. Sadece et değil, süt, peynir grubu da hayvansal proteinlerdir. Süt ve peynir grubu ve gluten içeren tahıllar (buğday, arpa, çavdar, yulaf) asitlenmede ayrı bir başlığı hak eder.

Süt ve Peynir Grubunun Asitlenmeye Katkısı

Süt ve peynir grubunda proteinin yanı sıra karbonhidrat da bulunur. Bu grubun içinde, protein ve karbonhidrat bir aradadır. Problemi yaratan, içerdikleri proteinin hayvansal protein olmasından ziyade proteinin türüdür.

Burada inek sütü için ayrıntılara girmek isterim. İnek sütü içindeki proteinler vücut için çoğunlukla antijeniktir. Vücut, inek sütü proteinlerini reaksiyon verilecek antijenler olarak görür. Antijen, bağışıklık sisteminin vücuda zararlı olduğunu düşündüğü için yok etmek istediği maddelerdir. Normalde bakteri ve virüslerin üzerinde antijenleri vardır ve vücudun bağışıklık sistemi bunları o şekilde tanır. Ancak buradaki yanlış durum, bu besinlerdeki proteinlerin bakteri ve virüs olmadıkları halde aynı savunma sistemini harekete geçirmeleridir.

Gıda Duyarlılığı

Bağırsaklarımız, küçük kıvrımlar halinde pilili bir şekildedir. Bu pilili kısımlar açıldığında 400 m^2 alanı kaplayacak kadar geniş bir yüzeye sahiptir. Bu geniş yüzey besinlerin daha rahat emilmesi içindir.

Bağırsaklarımızın çeperinde bağışıklık sistemi hücrelerimizin büyük çoğunluğu bulunur.

Bağışıklık sistemi hücreleri bağırsak civarında bekleyerek, içeriye giren besin parçalarının vücutla uyumlu olup olmadığına bakar. Bir bebeğe, anne sütünden sonra normal beslenmeye geçerken azar azar yiyecek verilmesi, bağışıklık sistemine yiyecekleri tanıtmak içindir. Bir turistin yurtdışından ülkemize geldiğinde, bize doğal gelen herhangi bir yiyecekten rahatsızlık yaşaması, vücudunun bağışıklık sisteminin o yiyeceği tanımamasından kaynaklanır.

Bağırsak çeperindeki bağışıklık sistemi hücreleri, içeri giren her maddeyi tek tek gözetler. Bağışıklık sisteminin tanıyabileceği kısım, yiyeceklerin "protein" kısımlarıdır; yiyecekleri protein kısımları dışında, diğer kısımlardan tanıyamaz. Örneğin şeker glikoz olarak girdiğinde, hiç protein içermediği için bağışıklık sistemi onu tanıyamaz ve reaksiyon geliştiremez. Ama şeker dışındaki bütün yiyeceklerin içinde proteinler ve proteinlerin yapı taşı olan aminoasitler vardır. Bağışıklık sistemi bunları dedektör gibi tarar.

İnek sütü ve inek sütünden yapılan ürünlerde mevcut olan proteinlerden bazıları, vücudun bağışıklık sistemini rahatsız eder. Bu her bünye için söz konusu değildir. Ama yerleştiği bünyelerde pek çok rahatsızlığı da beraberinde getirir. Üstelik, şikâyetler hemen ortaya çıkmadığı için rahatsızlığın proteinlerden kaynaklandığını anlamak çok zordur. Bu reaksiyon daha çok inek sütü ürünlerine karşı olur. Koyun ve keçiye karşı reaksiyon çok daha azdır. Çünkü onların içindeki proteinler vücut bağışıklık sistemi için daha az antijeniktir. Bağışıklık sistemi onlara reaksiyon göstermez.

İnek sütü ve peyniri yenildikten sonra sistemde çeşitli arazlar meydana gelebilir. Burada bizi ilgilendiren asitlenmeye sağladığı katkılardır.

Her ne kadar biz bu ürünleri kalsiyum kaynağı olarak tüketmeye yönlendirilmiş olsak da, aslında bu besinlerden gelen kalsiyumdan yeterince faydalanamayız. Bize sütün ve peynirin iyi kalsiyum kaynakları olduğu öğretildi. Ancak eğer özellikle inek sütü ve peynirine karşı bağışıklık sistemimizin bir duyarlılığı varsa, bu gıdalardaki kalsiyumdan fayda sağlamakta zorlanırız.

Bağışıklık sisteminin reaksiyon gösterdiği inek sütü proteinleri vücutta bir takım enflamatuar reaksiyon dediğimiz, asitlenmeye katkıda bulunan olaylar meydana getirir. Bağışıklık sistemi, bu proteinleri antijenik, kendine zararlı algıladığı için onlara karşı bir saldırı planı düzenler. Bu saldırı uzun yıllara yayılır. Çocukluğumuzdan beri tükettiğimiz inek sütü ve peyniri bağışıklık sistemi üzerinde kronik bir yük yapar. Bu da bağışıklık sistemini yorar.

Günümüzde gıda duyarlılığı testleri bize bu durumu tespit etme olanağı sağlar. Gıda duyarlılığı testleri vücutta yiyeceklerden geçmiş protein moleküllerini arar. Bu test, hepatit bakterisi arama yönteminde olduğu gibi, bir Elisa yöntemidir.

Gıda duyarlılığı yaşadığımız besinler, vücutta yüksek enflamasyon yaratır. Enflamasyon olayı vücutta birtakım asit artıklarla sonuçlanır. Bu durum, vücudun asit yükünü artırır. Artan asit yükünü atmak için alkali mineral olarak kandaki ve kemikteki kalsiyum kullanılır. Bu gıdaların içindeki kalsiyum, kendi sebep olduğu asitleri tamponlamaya bile yetmez. O halde inek sütü ve ürünlerine karşı bağışıklık sistemimizin bir duyarlılığı söz konusu ise, bu besinlerden gelen kalsiyum kemiklerimizi korumaz. Merak edenler, süt ve süt ürünleri tüketimine rağmen osteoporozun modern ülkelerde ne kadar arttığını gösteren pek çok çalışmaya ulaşabilirler.

Buradaki mantık şöyle özetlenebilir:

* İnek sütü ve ürünlerindeki proteinlerin bazılarına bağırsaktaki bağışıklık sisteminin duyarlılık göstermesi,
* Bunlara yapılan karşı saldırının enflamatuar maddelerin ortaya çıkmasına sebep olması ve bu maddeler yüzünden vücutta bir asitlenme olması,
* Asitlenmenin kalsiyuma ihtiyacı artırması,
* Bu yiyeceklerle vücuda giren kalsiyumun, asitlenmeyi tamponlayacak miktarda olmaması,
* Dolasıyla eksik kalan kalsiyumun kemiklerden çekilmesiyle osteoporozun ilerlemesi.

Kemiklerimizi korumak için kalsiyum almamız gerekir. Kalsiyumu sütle almaya çalışırız. Süt sebep olduğu asitlenmeyle kemiklerden daha çok kalsiyum kaybına sebep olur.

Gluten Duyarlılığı

Bağışıklık sistemini rahatsız eden proteinlere sahip diğer yiyecek grubu; *buğday, arpa, çavdar, yulaf* dörtlüsünden oluşan gruptur.

Bunların içinde gluten vardır. Gluten, gliadin isimli bir proteinden oluşur. Gliadin, bağışıklık sisteminin hiç sevmediği bir proteindir. Tıpkı inek sütü ve ürünlerindeki bazı proteinlere reaksiyon göstermesi gibi, gliadini de antijenik olarak algılar ve onu yok etmeye çalışır.

Eski devirlerde buğday, karabuğday halindeyken ve ziraat devrimi yaşanmamışken, buğdayın içinde gliadin ve gluten yoktu. Fakat daha çok ürün elde etmek için modifiye edildiler ve gluten içermeye başladılar.

Günümüzde en yaygın gıda duyarlılığı glutene karşı olan duyarlılıktır.

Vücudun gıda duyarlılığı gösterdiği birinci grup gluten grubu, ikinci inek sütü grubu, üçüncü grup ise mayalı gıdalar grubudur.

Dolasıyla testlere ihtiyaç duymadan bu üç grubu beslenmemizden çıkararak asitlenmemizi büyük ölçüde azaltabiliriz.

Glutenin sebep olduğu hastalıklar araştırıldığında, önce çölyak hastalığı karşımıza çıkar. Ancak çölyak hastalığı duyarlılığın çok ilerlediği, bağırsak çeperlerinin ileri düzeyde zedelendiği durumlarda ortaya çıkar. Hasar o boyuta gelmese bile, gluten vücudu asitlendirir. Glutenin yarattığı asitlenmenin bedellerini tıpkı yavaş yavaş ilerleyen osteoporoz, kas erimesi gibi, zaman içinde öderiz. Hazımsızlık, şişkinlik, dışkılama, kilo verememe gibi basit problemlerden, migren, egzama gibi farklı problemlere kadar, pek çok şikâyetin arkasında gluten duyarlılığı olabilir.

Alzheimer, otizm ya da multipl skleroz gibi, tedavide zorlanılan hastalıklarda gluten ve inek sütü içermeyen bir diyetin iyileşmeye katkı sağladığı gözlenmektedir. Bu hastalıklar, otoimmün hastalıklardır. Otoimmün hastalık, bağışıklığın kendi vücuduna saldırdığı, kendisi ile yabancıyı ayıramayacak kadar kafasının karıştığı bir durumdur. Otoimmün hastalıklarda gluten ve süt ürünleri diyetten çıkarıldığında bağışıklık sisteminin üzerindeki yük azaltılmış olur. Bağışıklık sisteminin kendisiyle yabancıyı ayırma kapasitesi artar. Ve böylece kendi vücuduna saldırmaktan vazgeçer.

Buraya kadar anlattığımız proteinler hayvan eti, inek sütü ve ürünleri ile buğdaygillerin proteinleriydi. Bu üç protein grubu en çok asit yapan protein grubudur.

Elbette salam, sucuk gibi işlemden geçmiş etlerden, kızartmalardan, kömür ateşinde pişirilmiş etlerden hiç bahsetmiyorum. Onların zararlı olduğunu hepimiz biliyoruz.

Yumurta

Yumurta çok iyi bir protein kaynağıdır. *Yumurtanın beyazı vücudun ihtiyacı olan bütün aminoasitleri dengeli bir şekilde içerir.* Yumurta beyazı tüketmekle ilgili bir sorun yoktur. Yumurta sarısı da pek çok aminoasidi içerir. Ancak yumurta sarısı, kırmızı ete benzer bir sorun yaratır. Her ikisi de araşidonik asit denen bir asidi ortaya çıkarır, dolasıyla asitlenmeye katkıda bulunur. Bu asitlenmeyi azaltmak için doğal yumurtalar tercih edilmelidir. Özellikle serbest dolaşan, kafese kapatılmamış, keten tohumuyla beslenen tavukların yumurtaları günlük olarak rahatlıkla tüketilebilir.

4- YANLIŞ TUZ

Hücrelerimizdeki suyun yapısının deniz suyu ile neredeyse aynı olduğunu biliyor muydunuz?

Deniz suyu içindeki minerallerin oranı ile kanın plazması dediğimiz su kısmının içindeki minerallerin oranı aynıdır. Deniz suyunda ve kanda 80'in üzerinde farklı mineral vardır.Vücuttaki minerallerin birbiriyle oranları da deniz suyundakiyle aynıdır.

Tuz denince akla deniz tuzu değil, içinde sadece sodyum ve klorür olan sofra tuzu gelir. Sofra tuzu, deniz veya kaya tuzunun işlemden geçirilip 84 mineralinin 82'sinden arındırılmış ve beyazlatılmış halidir. İçinde sadece sodyum ve klorür bırakılmıştır.

Hücreler Arası Elektriksel Haberleşme

Sodyum (Na) iyonu normalde vücutta bol miktarda bulunur. Hücreler arasındaki haberleşmeyi sağlamaktan sorumludur.

Hücrelerarası haberleşme basit bir mekanizmayla başlar. Basitçe hücrenin içinde potasyum (K), dışında sodyum (Na) vardır, klorür (Cl) de hücrenin dışındadır. Bunların konsantrasyonları vücuttaki hücreler arasındaki elektrik akımı için önemlidir. Elektrik bu mineraller üstünden akar. Her hücrenin üzerinde "sodyum-potasyum pompası" adı verilen bir sistem bulunur. Bu sistem sayesinde, gerekli maddeler hücrenin içine alınır ve hücrede işi biten maddeler bu pompayla dışarı atılır. Bu işlemlerin miktarı hafife alınacak bir durum değildir. Vücut bu pompayı çalıştırmak için enerji kullanır. Günlük harcadığımız enerjinin % 25'ini bu pompaya harcarız. Bu oldukça çarpıcı bir enerji miktarıdır. Milyarlarca hücremiz olduğunu, onların her saniye bu pompa vasıtasıyla haberleşip görevlerini yerine getirdiğini hatırlatırsak, bu enerjinin nereye gittiğini kavrayabiliriz.

Laboratuvar testlerinde *"elektrolitler"* bölümünün karşısında sodyum, potasyum ve klorür yazar. *Na, K,Cl* elektrik akımının sağlanmasına sebep olan elementlerdir. Her hücrede bulunan sodyum-potasyum pompası bir tür elektrikli pompadır. Bu pompa çalışmazsa diğer sistemler de çalışmaz, örneğin kalp ânında durur.

Sodyum-potasyum dengesi sayesinde hücrenin içi ve dışı arasında bir konsantrasyon farkı olur. Dışarıdaki sodyumlarla içerideki potasyumların miktarları belli bir dengede tutulur. Bu denge sebebiyle, hücrenin içindeki pek çok hayati madde hücrenin dışına kaçamaz. Hücre dışındaki sıvıların fazlası da hücre içine sızamaz. Sodyum ve potasyum, hücrenin içini dışarıdan ayırır, iki ayrı kompartıman oluşturur. Bu kompartımanların elektriksel farkı dengeyi sağlar . Her hücrenin içinde ve dışında elektriksel voltaj farkı vardır. Hücre, hayatı için gerekli olan DNA, protein, su gibi neyi varsa bunları dışarı kaçmaktan korumalıdır.

Sonuçta sodyum ve potasyum arasındaki denge, hücrenin içindeki hayati maddeleri koruyabilmesinin şartıdır.

Görüldüğü üzere sodyum (Na), bizim için gereklidir. Sofra tuzu tükettiğimizde, hücre fazladan gelen sodyum için vücutta bir dengeleme sağlamalıdır. Yoksa hücre dışında gereğinden fazla sodyum olması, hücrenin elektriğini bozar. Bu durumda vücut daha fazla su tutarak, hücre dışındaki yoğunluğu fazla olan sodyumu seyreltmeye çalışır. Eğer hücre dışındaki fazla sodyum, vücutta tutulan ekstra su ile seyreltilmezse, hücrenin içindeki sıvılar dışarı kaçar, hücreler büzüşür ve kurur.

Sodyum, potasyum ve klorür arasında bir oran, denge vardır. Bunların miktarları hem kendi aralarında hem de vücut sıvılarındaki diğer minerallerle orantılı olmalıdır. Oysa sofra tuzuyla dengesiz fazlalıkta sodyum ve klorür gelir. Bunları dengelemek için fazladan suya gereksinim olur.

Sofra tuzunda sadece sodyum ve klorür varken, deniz suyunda tüm elektrolitler yani sodyum, potasyum, klorür ve diğer elementler magnezyum, kalsiyum gibi toplam 84 tanesi mevcuttur. Daha önemlisi, bunların birbirleriyle arasındaki oran vücuttaki oranla aynıdır. Dengelemek için fazla su tutulmasına gerek kalmaz.

O halde sofra tuzu gibi bizim için tamamen anlamsız bir kimyasalı almaktansa, deniz tuzu veya Himalaya tuzu kullanmak çok daha akıl kârıdır. Bu tuzların içinde sodyum, potasyum ve klorür dengeli oranda bulunur. Böylece vücut, dengesizliği yok etmek için ekstra su tutmayacaktır.

Tuzdaki fazla sodyum kadar klorürün de bizim için zararlı olduğunu vurgulamak isterim. Bunun açıklaması uzun bir kimya dersi konusudur. Ayrıca, şehir sularını dezenfekte ederken kullanılan klor sebebiyle musluk suyu içmeyiz ama duş alırken cildimiz bu suyla temas eder. Bunu önlemek için duşunuza klor filtresi taktırabilirsiniz.

5- YANLIŞ SU

Duştan bahsetmişken, altını çizmemiz gereken bir konuya değinelim: Yıkanırken suyla vücudumuzun dışındaki kirleri temizliyoruz, aynı şekilde içimizin de temizlenmek için suya ihtiyacı vardır. Kitabın başında, kirli suyla dolu akvaryumdaki balığı yaşatmak için suyu sürekli temiz tutmalı ve değiştirmeli, demiştik. Aynı şekilde iç ortamımızdaki suyu da sürekli temiz tutmalıyız.

Vücuttaki Su Miktarı

Yeni doğmuş bir bebeğin vücudunun % 97'si sudur. Sağlıklı bir yetişkinde bu oran % 75 iken, yaşlı insan vücudunda % 65'e düşer. Beynin % 75'i, kemiklerin % 22'si sudur. Diş minesinin bile % 2'si sudan oluşur. Su mevcudiyetimizin temelidir. Su olmadan vücutta kimyasal ve elektriksel olaylar meydana gelmez.

Her şey suyun mevcudiyetinde olur: Susuz yaşam süremiz 72 saat gibi kısa bir süredir. Konumuz suyun mikropsuz olup olmaması ya da suyu arıtma yöntemleri değil; içilen yanlış suyun vücut asitlenmesine katkısıdır.

Suyun pH'ı

Her sıvının olduğu gibi içtiğimiz suyun da bir pH'ı vardır. Şimdi yaygın olarak içme sularının üzerine pH'ları yazılıyor. Bir suyun pH'ı 7'nin altında ise o su asittir, pH 7'nin üzerinde ise o su alkalidir. İçtiğimiz suyun pH'ının 7'nin üstünde olmasına dikkat etmemiz gerekir.

Suyun asit veya alkali olmasını içindeki maddeler belirler. İçme suyuna ekleyeceğimiz alkali bir madde suyun pH'ını değiştirir: Mutfaklarımızda bulunan karbonattan suya biraz eklemek suyu kolayca alkali yapar.

pH ölçen ph çubuklarıyla içtiğimiz suyun pH derecesine bakarsak, suyun pH'ının her zaman üstünde belirtildiği miktarda olmadığını anlayabiliriz. İçtiğimiz suyun alkali olduğunu garantilemek için yapabileceğimiz başka şeyler de var: İçine ekleyebileceğimiz bazı alkali besinler, eczanede satılan alkali pH damlaları ya da alkali su makinaları gibi.

Diyette Su İçmek

Tüm diyetlerde bolca su içmek önerilir. Sebebi, kilo vermeyi sağlayan yağ yakımı sonrası ortaya çıkan asitleri atabilmektir. Ancak öneri olarak sadece su içilmesi tavsiye edilir, suyun türü belirtilmez. Elbette çay, meyve suyu, kahve gibi sıvılar su yerine geçmez. Geçmediği gibi bu sıvıları tüketmek bizi daha da asitlendirir. Kola ve kahvede olduğu gibi bu sıvıların ya pH'ı zaten asittir, ya da meyve suları gibi sindirildikten sonra asitlenmeye sebep olurlar..

pH'ı asit olan su veya sıvı vücuttaki asit yükünü daha da artırır. Asitlerin atılmasına yardımcı olacağı yerde, ortamı daha da asitlendirir. Vücudun alkali rezervinden tüketir. Bu pH derecesindeki suyu içmek kilo vermeye yardımcı olmaz. Yağların yakımı için gereken alkali ortamı sağlayamaz.

Biliyoruz ki, çok su içince idrar rengi açılır, çünkü asit atan böbreğin işi kolaylaşır. Az su içtiğimizde idrar rengi koyulaşır, kokusu ağırlaşır. Daha az suyla asit atmak böbreğin işini zorlaştırır. Özellikle sabah idrarının rengiyle vücuttaki asit yükünü değerlendirebiliriz.

O halde en basit alkali olma yöntemi su içmektir.

Alkali pH'da suyu içmeliyiz. pH asit ve nötr değerde olan su içtiğimizde atacağımız asidi, daha az alkali suyla kolayca atabiliriz.

Daha az miktarda su içsek bile, alkali suyla daha çok asit atarız.

Mesele galon galon su içmek değildir. Alkali değeri yüksek su içerek vücuttaki asitleri nötralize etmektir. **20 kilo başına 1 lt. alkali su içmek yağ yakımı için yeterli alkali ortamı sağlar.** Bu miktarda su, vücuttaki ideal alkali pH'ı sağlamaya yardımcıdır.

Su ve Tansiyon

Böbreklerin idrarla asitlerin atılımında çok önemli rolü olduğunu biliyoruz. Ancak temizlenmek için böbreğe gelen kandaki asit yükü sebebiyle böbrek damarları da diğer damarlar gibi bu asitlerle tahrip olur. Vücut, aynen diğer damarlarda olduğu gibi bu tahribatı engellemek için, yağ ve kalsiyumdan bir yama yapar. Böbrek damarlarındaki bu yama birikintileri damarları daraltır. Bunun gerçekleşmesi onlarca yıl alır. Bir böbrek nefronu bozulduğu zaman, diğer nefronlara asit atması için daha çok yük biner.

Günlük asitler eskisi kadar hızlı atılamazlar. Bu durumda vücut onları seyreltmek ister. Bu şekilde böbreğe gelen kandaki asitlerin oranını düşürmeye çalışır.

Bu asitleri seyreltmek için kullanacağı yol, fazladan su tutmaktır. Ancak asitleri sulandırmak için fazladan su tutulması, kalbin pompalama gücünü düşürür. Tutulan suyla kanın hacmi genişler, kalp için bu hacimdeki kanı pompalamak daha çok güç ister. Tansiyon çıkar.

Tansiyonu düşürmek için diüretik kullanılması önerilir. Diüretikler kanın suyunu azaltan ilaçlardır. Diüretikler kalbin üzerindeki fazla kan hacmini azalttığı için tansiyonu düşürür. Vücuttaki fazla su diüretiklerle atılır. Ama su azalınca kandaki asitlerin oranı artar. Bu kan tekrar böbreğe gelir, çünkü asitlerin atılması gerekir. Asitli kan tekrar böbrek damarlarını ve nefronlarını tahrip eder; böylece kısır döngü devam eder.

Tansiyon kontrolü için böbreğin asit yükünü azaltmak gerekir. Bunu sağlamak için en kolay yol alkali su içmektir.

Su İçme Hızı

Mesane incelemelerinde, hastalara radyoaktif ilaçlı su içirilerek filmleri çekilir. Burada mesanenin damla damla dolduğunu görürüz. Bu ağır ağır doluş, böbreğin de kanı benzer şekilde yavaşça temizlediğini gösterir. Buradan çıkarmamız gereken ders, böbreğin temizlik hızına yakın sıklıkla su içmemiz gerektiğidir. Suyu bir anda çok miktarda içmek böbreği zorlamaktır. Böbrek, hızla gelen çok miktardaki suyla istediği kadar asidi atamaz. Böbreğin asitleri atılır hale getirmek için belli bir çalışma hızı vardır. Suyu saatlere bölerek içmek asit atılımını artırır.

Böbrek Taşı

Kandaki asit miktarı fazlaysa vücut bunların yakıcı etkilerini azaltmak için bu asitleri bir tür tuza çevirir. Bu asitler ile alkali mineral kalsiyumun birleşmesi sonucu, kanda sıvı halde olan asitler tuz olur ve katı hale geçer. Katı asitler kanın pH'ını asitleyemezler. Böbreklerin suyla alışverişindeki diğer bir mecburiyet, bu tuzların atılmasıdır.

Bu asit ve kalsiyum birleşimi böbrekte olduğunda böbrek taşı, eklemdeyse gut ve artrit, damardaysa damar sertliği adını alır.

Böbrek taşı analizinde taşın içinde kalsiyum tespit edilince, tedavide kalsiyumlu besinlerin tüketilmemesi önerilirdi eskiden. Şimdi asitlenmenin böbrek taşı oluşumuna etkisi daha iyi biliniyor. Asitlenme arttıkça böbrek taşı oluşma olasılığı artar.

Bunun en büyük kaynağı ise hayvansal proteinlerdir.

Protein asitlerinin atıldığı majör yer böbrektir. Böbrekler, protein asitlenmesine, asit-kalsiyum tuzu oluşturarak çözüm bulmaya çalışır. Böbrek taşı tedavisinde -genetik sebepler hariç- alkali beslenme önerilmesi daha doğrudur.

Vücut için ideal olan alkali ortamdır. Kan, lenf, enzimler, vücut sıvıları alkali olmaya ihtiyaç duyar. Böbrekler de bu alkali ortamı sağlamak için asitleri atar. Bu sırada en büyük yardımcıları sudur.

Alkali sudan bolca içmek bize çok fayda sağlar.

Spor ve Su

Kaslarınızda asidite dengesini düzenleyemezseniz kaslarınız gergin kalır.

Sporcu Beslenme Uzmanı Dr. Michael Colgan'a göre, kaslarımız sıfır asidite ya da gayet dar bir sınır içinde kalması gereken asidite ortamı içinde çalışabilecek şekilde yaratılmışlardır. Damarlardaki kan için en uygun çalışma ortamı hafif alkali bir ortamdır.

Kanın pH derecesi, deprem aritmetiği kadar hassas ve önemlidir. Sayılardaki en ufak değişiklikler bile çok büyük değişikliklere sebep olur. Örneğin pH 6 değeri pH 7 değerine göre 10 kat fazla asitlidir. Sonuçta kaslardaki pH 6,9 iken kanın pH'ı 7,4 civarındadır.

Egzersizde, enerji ihtiyacı artınca laktik asit üretilir, yüksek miktarda (H^+) hidrojen iyonu ihtiva eden bu madde, kasların ve kanın pH'ını asidik hale getirir.

Ne kadar yoğun egzersiz yaparsanız vücudunuz o kadar hızlı asidik hale geçer. Kaslardaki pH'ın 6,5'in altına düşmesi, enerji dağılım zincirindeki bütün kanalların bozulmasına ve aksamasına yol açar. Örneğin; "fosfofrüktokinaz" enziminin kas "glikojen"ini kullanmasının alt limiti pH 6,5'tir, bu limitin altında çalışma durur. Fazla asidite kasların kasılma aktivitesini bozarak adele gücünün azalmasına sebep olur.

Egzersiz performansını artırmak için istediğiniz kadar çeşitli kimyasal kullanabilirsiniz, fakat egzersiz sırasında oluşan asidite seviyesini azaltmazsanız kaslarınızda aksama ve kasılmalar olacaktır.

Diğer bir husus egzersiz sırasında asit birikimine paralel olarak oluşan "amonyak" birikimidir. Amonyak, hücreleri zehirleyen bir maddedir.

Kandaki yüksek amonyak miktarı performansı düşürür.

Egzersiz sırasında terle kaybedilen sıvıyı yerine koymanın ve laktik asit oluşumuna bağlı asitlenmeyi gidermenin en kolay yolu, saat başına 1 litre yüksek alkali su içmektir.

6. BÖLÜM: ALKALİ BESLENME

Nelerin asitlenmeye sebep olduğunu belirtirken, alkali olmanın da ipuçlarını vermiş olduk.

Önerilen beslenme planına geçmeden önce şu bilgiyi hatırlamakta fayda var: Temel prensipte, yediğimiz bir besinin sindirim sonucu olan son ürünü alkali ise o besin alkalidir. Sindirim sonucu olan son ürünü asitse, o besin asittir. Sindirimden önce alkali olmaları da, sindirim sonucu alkali son ürünler oluşturacağını garantilemez (Kırmızı et örneğinde olduğu gibi).

İdeal Alkali Beslenme Planı

Her öğünde asit oluşturan yiyecekleri, alkali oluşturan yiyeceklerin dörtte biri oranında tutmak idealdir. Kilo kaybetmek için yapılan alkali diyet boyunca bu orana uyulmalıdır. Kilo verdikten ve vücuttaki asit yükünü azalttıktan sonra, üçte bir oranına geçilebilir. Yani asit yapan yiyeceklerin üç katı kadar alkali yapan yiyecekler tüketilmelidir.

Genel sağlık durumu iyi olduğu sürece bu oran uygulanabilir. Ancak diyabet, artrit, damar sertliği veya yoğun stres gibi genel sağlık durumunu etkileyen faktörler varsa asitlenme yüksektir. Bu durumda asitli yiyeceklerin miktarı düşük tutulmalı, alkali yiyeceklerin dörtte birinden fazla alınmamalıdır.

Bu temel prensibi oluşturmak için öncelikle alkali olmamızı sağlayan gıdaları öğrenelim.

Nasıl alkali besleneceğimizi öğrenirken, işe, en temel gıdamız olan suyu alkali içmekle başlayalım.

Alkali Su

Alkali su içmek sağlık için yapılabilecek en kolay, en akıllıca yatırımdır.

Alkali su, 20 kilo başına 1 lt. olmak üzere tüketilmelidir. Günlük ihtiyaç 2,5 ile 4 litre arasındadır.

Ancak basitçe, mutfakta bulunan **karbonat**la suyu alkali yapabiliriz. *Bir litre suya yarım çay kaşığı kadar karbonat* eklersek suyun PH'ını 8 ve daha yukarı alkali değerlere çıkarabiliriz. Karbonat kimyasal olarak yüksek alkali değerde bir maddedir.

Karbonat ile kandaki temel asit tamponu olan bikarbonat, benzer molekül yapılarına sahiptir. İkisi de yüksek alkali özelliğiyle asitleri tamponlar.

Karbonat, elma sirkesi veya limon ekleyerek alkali özelliği arttırılan su içmek yağ yakımını artırır. Alkali su içmenin üstünlüğü, asit temizleyebilme kapasitesinden kaynaklanır. Günde içilmesi önerilen ideal miktar olan 8 bardak su eğer alkali değilse, temizlediğimiz asit miktarı, aynı miktar alkali suyun temizleyeceğinin çok daha azıdır. Günde 3 litre alkali su, 9 litre normal sudan daha iyidir. Günde 8 bardak su içmek yerine, ***günde 8 bardak alkali su içmek*** daha doğrudur.

Kilo verirken su içilmesinde ısrar edilir. Bunun sebebi; yağ deposundaki yağ asitlerin çözülebilmesi ve yağlar enerjiye çevrildikten sonra ortaya çıkan asit artıkların vücuttan atılmasını sağlamaktır.

20 kilo ağırlık başına 1 lt. alkali su bu nedenle önerilir. 120 kg olan bir kişinin içmesi gereken alkali su miktarı olan günde 6 lt.'dir. Bu miktar çok görünse bile, diyetten sonuç almayı kolaylaştırır. 5-10 kilo fazlalığı olan bir kadın için bu miktar 2,5-3 lt., erkek için 3,5-4 lt.'dir. Bunlar oldukça makul miktarlardır. Şimdiye kadar zaten bu miktarlarda su içmek öneriliyordu. Alkali su içmeye başladığımızda, bunca su içme eziyetinin nihayet işe yaradığını göreceğiz.

Yağ Yakımında Alkali Suyun Önemi Nedir?

Yağ hücresinde, fazla şeker ve yağ asitlerinin birleşiminden oluşan trigliseridin yağ depolarımızın ana maddesi olduğuna değinmiştik. Bu depolanmayı sağlayan hormon, insülindir. İnsülini ortaya çıkaransa kandaki şeker miktarıdır. İnsülin olmadan yağ depolanamaz.

Kanda şeker yoksa, enerji ihtiyacı için yağ dokusuna başvurulur. Yağ dokusundaki bu trigliseritler, önce tekrar onları oluşturan parçacıklara ayrılırlar. İçindeki şeker kısmı, karaciğere gönderilir. Yağ asidi kısmı ise kalp, kaslar gibi vücutta ihtiyaç duyulan yerlere gönderilip orada yanar, enerjiye dönüşür.

Yanmak için oksijen gereklidir. Yanma sonucu oluşan artık, karbondioksittir. Oluşan karbondioksiti atmak zor gelirse vücut yağları yakmak istemez. Yağı enerji için kullanırken karbodioksitle asitlenme bedelini ödemek istemez. Yağ yakmamakta direnir. Bu direnmenin en önemli sebebi, vücudun zaten asit yüklü olmasıdır. Bu durumda direnci kırmak için en kolay çözüm alkali su içmektir. Vücut asit yükünün azaldığını görünce, metabolizmayı, enerji için yağları kullanmaya yönlendirir, böylece daha kolay kilo kaybedilir.

Ayrıca kandaki asitlenmenin kanın oksijen taşıma kapasitesini azalttığını söylemiştik. Kandaki oksijen azalınca dokularda da oksijen azalır. Yağ asitlerini enerjiye çevirecek organlarda, örneğin kaslarımızda bu yağlar yanamaz. Yağın yakılması için çok fazla oksijene ihtiyaç vardır.

Asitli İçecekler:

Normalde bir kişi ortalama günde 1-1,5 lt. su içer. Bu sıvıların çoğu kahve, çay gibi içeceklerdir. Oysa bu içecekler asit yükleri sebebiyle vücudun suyunu çalarlar. Bu sıvıların pH'ları asittir.

Günlük tükettiğimiz bazı sıvıların pH'ları şöyledir:

Çay.. pH 5,5
Kahve..pH 5
Bira.. pH 4,5
Kola.. pH 2,8

Görüldüğü üzere, pH değeri 7'nin altında olan bu asitli sıvılar, vücutta tamponlanmak zorunda kalacaktır. Çay, kahve, kola hakkında herhangi bir yayında okuyacağımız hastalıkların çoğu, onların asit yüklerinden kaynaklanır. Kola ve kahve selülite yol açar, vücudun mevcut suyunu kullanıp bizi susuz bırakır. (Diyet kolanın pH'ı, içindeki bazı tatlandırıcılar sebebiyle daha da asittir.)

Taze Meyve Suyu

Taze meyve suları da, yüksek meyve şekeri sebebiyle asit yüküne sebep olur. Meyve suları, meyvenin kendisinden daha fazla asitlenme yapar. **Restoranlarda çocuğunuz için yemeğin yanına meyve suyu isteyerek iyi bir şey yapmış olmazsınız.** Meyve suyu, meyveden daha hızlı kana karışır. Yüksek oranda fruktoz içerir. Bu fruktozu depolamak, vücut için büyük sorundur. Daha önceki konularda bahsettiğimiz fazla fruktoz, vücut proteinlerine zarar verir. AGE'ler oluşturur, yani glikozillenmiş protein yapıları oluşmasına sebep olur. Bu proteinler esnekliklerini kaybeder.

Dikkat: Susuzluk Acıktırır

Susuzluk sinyallerini, açlık olarak algılayıp fazladan yemek yiyebileceğimizi hatırlatalım. Hafif bir susuzluk metabolizmayı derhal yavaşlatır. Yeterince su içmediğimizde gereğinden fazla yeriz. Çünkü hem açlık durumunda olduğumuzu zannederiz hem de yavaşlayan metabolizma yüzünden harcanamayan enerjiyi daha çok depolarız. **Beyindeki susuzluk ve açlık merkezi birbirine çok yakındır, sinyaller karışabilir.**

Suyu Az İçtiğimizi Gösteren Belirtiler

Vücudun asit atım yollarını yakın takibe alırsak az su içtiğimizi anlarız.

* Ter kokusu
* Koyu ve kokulu idrar
* Her gün dışkılayamamak
* Dışkıda ağır koku, koyu renk
* Dışkının tek parça yerine küçük parçalar halinde çıkması
* Ağız kokusu
* Diş eti kanamaları, diş çürükleri
* Ciltteki kuruluk ve kırışıklıklar

El üstü derinizi iki parmağınızla 3 saniye kadar çimdikleyip bıraktığınızda, cildin kırışıklığının düzelme hızı biyolojik yaşınızı gösterir. Çimdikleme sonucu daha geç normale dönen cilt, daha yaşlıdır. Alkali su tükettikçe, kırışıklığın düzelme süresi kısalır.

Susuzluğun Bedeli

Susuzluğun sebep olduğu durumları içeren liste, tüm sistemleri kapsayarak devam eder. Yorgunluktan konsantrasyon güçlüğüne kadar çok uzun bir susuzluk hastalıkları listesi var.

Mesele, susuzluğun sonuçlarının hemen ortaya çıkmamasıdır. Bu, düzenli su içme kararı vermemizi erteleyen bir durumdur.

Evdeki çiçekler de bir anda kurumazlar. O yüzden sulamayı erteleyebiliriz. Önce birkaç yaprakla kurumaya başlarlar. Sonra bir sabah uyanınca yapraklarının yarısının sararmış olduğunu görürüz. Biz de susuzlukta yavaş yavaş sararırız.

Şuna benzer çeşitli gazete başlıkları görmüşsünüzdür: "Günde 5 bardak fazla su içenlerde kalın bağırsak kanseri riski % 45 azalır", ya da "Günde 2 lt. su içilirse meme kanseri riski % 70 azalır"... Buna benzer bilgiler saygın Amerikan üniversitelerinde yapılan uzun çalışmaların sonucudur. Eklem ağrısının giderilmesinden böbrek taşının azaltılmasına, migrenden kabızlığa pek çok hastalığın tedavisinde su içilmesi önerilir. Bu öneriler, birtakım tıbbi çalışmalara dayandırılır. Ancak çok azında suyun alkali pH'da içilmesi önerilir. Önümüzdeki yıllarda, suyun alkali olması gerekliliği herkes tarafından kabul görecektir.

Alkali Su İçmenin 12 Altın Kuralı

1- *Suyun yemeklerle içilmemesi gerekir.*

(Suyun alkali yapısı, midenin asidini azaltır. Yemek sırasında mide asidi azalırsa yiyecekler, özellikle proteinler iyi sindirilemezler. İyi sindirilemeyen proteinler bağırsaktaki asit yükünü artırırlar. Sindirilmemiş protein artıkları bağırsak bakterileri tarafından çürütülüp daha da asitli bir ortam oluşturur. Asitlenme bağırsak çeperlerine zarar verir. Yiyeceklerin içeri alındığı küçük bağırsak delikleri genişler. Buradan içeriye tam sindirilememiş büyük proteinler kaçar. Gıda duyarlılığı oluşarak kronik enflamasyon meydana gelir.)

2- *Her 20 kiloya 1 lt. alkali su içmek gerekir.*
3- *Sabah kalkınca ilk iş, akşam yatmadan önceki son iş olarak birer bardak alkali su içmek önerilir.*
4- *Suyu iki saatte bir içmek tavsiye edilir.* (Çünkü böbrek vücuttan asitleri temizlerken mesaneyi yavaş yavaş doldurur.)
5- *Suyun öğün aralarında içilmesi gerekir.*
6- *Yemeklerden yarım saat önce ve yemekten 2 saat sonra su içmelidir.* (Çünkü midedeki besinler yaklaşık 2 saatte mideyi terk eder.)
7- *Özellikle yemekten yarım saat önce içilen 1 bardak alkali su acıkmayı azaltır.* (Sudaki alkali özellik midenin asidini azalttığı için açlığa bağlı mide kazınması azalır, daha ölçülü yeriz.)
8- *Pratik olmak için, yanımızda karbonat taşıyıp suya ekleyebilirsiniz. 1 litre suya yarım çay kaşığı oranında kullanmak yeterlidir.* (Suyun tadı bozulmaz. Aksine yumuşar. Bu basit "iksir" bizim alkali kurtarıcımız olabilir.)
9- *Limonlu veya elma sirkeli suyu açken içmek mideyi daha çok kazındırır. Bunları yemek sonrasında tüketmek daha uygundur.*
10- *Suyu soğuk içmek yerine oda sıcaklığında içmek daha uygundur.*

11- *Egzersizde, 1 saatte vücudun % 2'lik suyunu terle kaybederiz. Saat başına 1 lt. alkali su içerek kaybettiğimiz suyu yerine koymalıyız.*

12- *Sağlıklı olmak ve kilo vermek istiyorsak günlük 3-4 lt. alkali su içmeliyiz. 1/2 lt. su içmenin 2 dakika sürdüğünü düşünerek, su içmeye günde 15 dakika vakit ayırmalıyız.* (Böylece yüksek oranda alkali olmak ve yağ yakımını artırmak için bize yetecek 3 litre su içmiş oluruz.

Hangi 15 dakikalık egzersiz ya da masaj bize böylesine kolayca kilo kaybettirebilir?

Alkali Tuz

Aslında çoğumuz yeterince tuz almıyoruz.
Tuzumuz eksik ama sodyum klorürle tıka basa doluyuz.

Doğal Tuz ile Sofra Tuzu Arasındaki Fark

Normal sofra tuzunun sodyum ve klorür elementlerinden ibaret olduğunu öğrendik. **Deniz tuzu** ya da daha ideali olan **Himalaya tuzu** ise sodyum ve klorürden çok daha fazlasıdır. Aslında bu tuzun bir besin gibi algılanması gerekir. Bu tuzun içinde insan kanındaki tüm mineraller mevcuttur.

Gelişmiş endüstri sayesinde doğal deniz ya da kaya tuzu kimyasal olarak "temizlenmiş" ve böylece sofra tuzu oluşturulmuştur. Tıpkı şeker pancarından şeker üretilmesi ve dünyaya altın değerinde beyaz olarak tanıtılması gibi, tuz da işlenip doğal halinden uzaklaştırılmış, yeni bir beyaz elde edilmiştir. Zararlı üç beyaz tamamen sanayileşmenin sonucudur. Tuz-şeker-un! Amaç daha ucuza daha çok ürün elde etmektir.

Tuz, içindeki sodyum klorür elementlerinin sebep olduğu asidite yüzünden beyaz zehir olarak tanımlanır.

Vücut sofra tuzunu hızla vücuttan atmak ister ancak böbreğin günlük olarak atabileceği soydum ve klorür belli miktardadır. Vücut sıvılarında atılamayan fazla sodyum ve klorür bulunduğunda, vücut bunu dengelemek için sulandırmak ve asit etkisini azaltmak ister. Bu amaçla su tutar. Tuzu seyreltmek için gerekirse hücrelerin içindeki suyu bile dışarı atar. Tuzlu yenince vücudun su tuttuğunu biliyoruz. Ama tutulan su zannettiğimiz gibi tamamen fazlalık su değil, bir kısmı hücrelerimize ve dokularımıza ait sudur.

Na-K Pompası

Vücuttaki en temel olaylardan biri, hücrelerin zarındaki sodyum potasyum pompasıdır. Bu pompa olmadan hücreler emirleri uygulayamaz. Bu pompa her hücrede bulunur. Çalışmadığında o hücrenin ömrü bitmiştir. Elbette günlük kullandığımız miktarda sofra tuzundaki sodyum ve klorür fazlalığı ânında bu pompayı bozmaz. Vücut üstün bir makinedir, çok iyi ince ayar yapar. Sofra tuzu vücudun işini zorlaştırır. Himalaya tuzu ise, sodyum potasyum pompasının üzerinden enerji akışını kolaylaştırır.

Hipertansiyon

Birçoğumuz doktorlarımızdan üç beyazdan kaçınma önerisini defalarca duyduk. Sofra tuzu su tutulmasına ve tansiyonun yükselmesine sebep olur. Kanda su fazlalaşınca kalbin pompalayacağı kan hacmi artar. Kalp daha güçlü çarpmak zorunda kalır. Kalbin önünde daha çok kan hacmi olduğundan hipertansiyon olur.

Tuz yenmemesi propagandası hipertansiyon tedavileriyle ortaya çıktı. Tuzun hipertansiyona yol açması, bir başka deyişle tuzun su tutması, sofra tuzunun sadece iki mineralden oluşması yüzündendir; fazla sodyum ve fazla klorür... Tuz, bunları dengeleyecek öteki mineralleri içermediği için, kanın 84 minerallik dengesini bozar. Oysa Himalaya tuzu ve deniz tuzunun mineralleri kanın plazmasındakilerle aynıdır. Dengeyi bozan bir eksiklik, fazlalık yoktur. Bu durumda vücudun, fazlalığı sulandırması için ekstra su tutmasına ihtiyacı yoktur.

Tansiyon problemine çözüm olarak az tuzlu hazır gıdalar üretildi. Ama bu gıdalara tuz tadını versin diye monosodyum glutamat gibi tat vericiler eklendi. Hazır çorba, cips, bulyon gibi gıda ürünlerinde bulunan monosodyum glutamat sofra tuzundan bile kötüdür.

Vücudun, elbette sofra tuzundaki minerallere de ihtiyacı var. Sodyum ve klorür beyin gelişimi ve fonksiyonları için önemlidir; klorür mide asidi (HCL) hidroklorik asit oluşumu için gereklidir. Kan volümünün ayarlanması için bu iki mineral çok önemlidir. Ama bu iki mineralin diğer minerallerle orantılı olarak alınması gerekir.

Tuz hayatidir. Tuz zehir değildir. Masadaki beyaz şeyse tuz değildir. O şey, doğal tuzun yüksek ısıda yıkanmış, beyazlatılmış ve minerallerinden arındırılmış halidir.

Himalaya Tuzu

Himalaya tuzu, deniz tuzundan daha iyidir. Bunun sebebi denizlerde ağır metal olabilme ihtimalidir. Tıpkı balık yerken aklımıza ağır metal şüphesi geldiği gibi, deniz tuzunun içinde de ağır metal olabileceği şüphesi akla gelebilir. Ama bu miktar önemsenmeyecek kadar düşüktür.

En ideal tuz Himalaya tuzudur. Himalaya tuzu 250 milyon yıl geçmişte mevcut olan denizlerden oluştuğu için, içinde şu an denizlerde bulunan sanayi artıkları yoktur.

İyi ve kötü tuzun farkları açıktır. Sofra tuzunun % 97'si soydum klorür, % 3'ü ise gereksiz koruyuculardır. Himalaya tuzunun % 80'i sodyum klorür, %20'si diğer 82 mineraldir.

Doğal Tuz Kullanmanın Faydaları:

* Vücuttaki su miktarını ayarlar.
* Hücrelerde, özellikle beyin hücrelerinde pH dengesini sağlar.
* Hücrelerdeki enerji akışına zemin hazırlar.
* Besinlerin sindirim ve emiliminde yeri vardır.
* Sinüsleri korur.
* Kas kramplarını engeller.
* *Kemik sağlığını korur.* (Asitlenme yapmadığı için kemikten mineral çalmaz.)
* *Uykuya geçişi kolaylaştırır.*
* Egzersiz performansını artırır.

Hipotansiyon

Terimizin, gözyaşımızın tadı tuzludur. Vücutta tüm sıvılarla tuz atılır. Yeterince tuz olmassa vücut tuz atmayı durdurur. İdrarı çoğaltır, ancak içindeki tuz oranını azaltır.

Kandaki tuz oranını artırabilmek için kanın tuzunu tutar, suyunu idrarla atarak azaltır. Bu durumda dolaşan kan miktarı azalmış olur.Tuzsuz yemenin tansiyonu düşürmesi bu sebepledir.

Pek çok kişide, özellikle kadınlarda düşük tansiyona eğilim vardır. Bu kişiler, 12/8 olan yetişkin ideal değeri yerine 10/7, 9/6 gibi düşük tansiyon değerleriyle yaşarlar.

Ancak hipotansiyon her zaman iyi bir durum değildir. Zihin bulanıklığı, hızlı hareketlerde, özellikle hızlı eğilip doğrulmalarda baş dönmesi, kulak uğuldaması, uykulu bir halsizlik durumu yaratır. İdeali, tansiyonun 12/8 değerine yakın olmasıdır.

Bu tip kişilerdeki tansiyon düşüklüğü yanında çoğunlukla varisler gibi kollajenin fazla yumşaklığına bağlı rahatsızlıklar oluşur. Bunun sebebi damarların duvarındaki kollajen proteinin yeterli gerginlikte olmamasıdır. Damarlar fazla yumuşaktır. Bu kişilerde ince cilt ve fazlasıyla esnek eklemler gözlenebilir. Günlük tuz ihtiyacının Himalaya tuzundan karşılanması böyle durumlarda faydalı olacaktır. Hipertansiyon yapacak boyuta getirmeden ve ödem oluşturmadan tansiyonu yavaşça bir birim yukarı çeker. Böylece genel bir iyileşme sağlanır. İdeal tansiyonda kalp kanı uzaktaki el, ayak gibi en uç organlara kadar rahatça gönderir. Düşük tansiyonlu kişilerde eller ve ayaklar soğuk olmaya meyillidir, cilt soluk ve kurudur. Özellikle hafifçe çarpmalarda bile uzun süreli morarmalar olur. Bunlar kan ve lenf damarlarının duvarlarının fazla esnek ve gevşek kollajeni olmasından kaynaklanır. Sofra tuzu yerine Himalaya tuzu veya deniz tuzu kullanmak bu şikâyetleri azaltır.

Tuz Kontrolü

Aldığınız deniz tuzunu geceden suya koyup karıştırmadan bekleyin. Sabah tuzun eridiğini görürsek bu tuz doğal tuzdur. Erimemişse o işlemden geçmiş tuzdur. Tıpkı suda erimediği gibi, kanda da bir kısmı erimez. Sodyum klorür halinde kalır.

Tuzdaki Klorürün (CL) Asitlenmeye Katkısı

Birtakım biyokimyasal ayrıntılar vererek konuyu biraz daha açmak istiyorum.

Vücuttaki asitlerin kimyasal formülleri şu şekildedir:

Laktik asit:	C**H**3C**H**O**H**COO**H**
Karbonik asit:	**H**2 CO3
Amonyak:	N**H**3
Ürik asit:	C5**H**4N4O3
Yağ asidi:	CN**H**2NO2
Sülfirik asit:	**H**2SO4
Fosforik asit:	**H**2PO4
Mide asidi:	**H**CL

Görüldüğü üzere bu listedeki asitlerin hepsinde **H** ortaktır.

H, hidrojen iyonu asittir.

Ama *sodyum*, potasyum, magnezyum ve kalsiyum gibi alkali bir mineraldir. Bu üç alkali mineral vücudun en önemli tamponu olan karbonatla birleşebilirler.

Karbonatla birleşmiş **vücuttaki alkaliler:**
NAHCO3 sodyum bikarbonat,
K2CO3 potasyum karbonat,
MGCO3 magnezyum karbonat,
CACO3 kalsiyum karbonat.

Sodyum, potasyum, magnezyum ve kalsiyum ile birleşen karbonat vücuttaki en önemli tampon sistemini oluşturur.

Yukarıdaki alkaliler tüm asitlerle işleme girebilir. Vücut kan asitlendiği zaman derhal karbonat tamponlarını devreye sokar. Çünkü asitlerin kanda sıvı asit halinde dolaşması vücut için zararlıdır. Bu durumda bahsettiğimiz alkali mineraller ile karbonat, sıvı asitlerin hepsiyle etkileşime girebilir. Onları sıvı asitten, bir tür tuz haline getirir, katı asit yapar. Katı asit kanda çözülemeyeceği için kanın pH'nı değiştirmez ve hayati tehlike yaratamaz. Zaman içinde de bu katı asitler yerine göre damarda biriktirilebilir, yağ dokusuna gönderilebilir, eklemlerde, böbrekte birikebilir ya da böbrekten atılmak üzere idrara gönderilir. Asitleri tuza çevirme işi, kanın pH'nı korumak için mükemmel bir sistemdir.

Sodyum, vücutta alkali tamponlamada karbonatla beraber çalışır. Fazla alınmadığı takdirde yararlıdır. Fazla alınması su tutulmasına sebep olur.

Tuzdaki klorür çözülünce fazlası HCL olarak asit haline gelebilir. Mide asidindeki gibi asit olur. Sofra tuzunda klorürün fazlalığı asitlenme sebebidir. Çünkü sodyum karbonatla birleşip alkali tamponlamada kullanılabilecekken, klorür magnezyum, kalsiyum, potasyum gibi alkali minerallerle birleşerek alkali rezervi azaltır. Kalsiyumklorür, potasyum klorür gibi.

Sadece sodyumun fazlası zararlı diye, tuzdan sodyumu çıkarıp potasyum-klorür, hatta sodyum-florür tuzları kullanımı yaygınlaştı. Ancak bu çok zararlıdır. Çünkü florür de son derece asitlendiricidir. Diş macununu florürsüz kullanılmalı, banyo ve içme sularında klorür ve florür bulunmamalıdır.

Alkali Yağlar

Bu bölümde alkali yiyeceklere odaklanıyoruz. Ancak dikkat ederseniz yiyeceklerin kalorilerinden ya da vitaminlerden söz etmiyorum. Yiyeceklerin besin değeri, kalorileri ve içerdikleri vitaminlerle ilgili sayısız kaynak var. Bu kitaptaysa bambaşka bir konuya odaklanıyoruz: Yiyeceklerin bıraktığı asit artıkların yoğunluğuna...

Asitlenmeyi azaltmak istiyorsak doğru yağı seçmeliyiz. Yanlış türde yağ kullanımı asitlenmeyi artırır.

Yağ hayati bir besindir, yemeklerin tadını güzelleştirmekten öte doymamızı da kolaylaştırır. Yağ yendiğinde bağırsaktan kolesistokinin adlı hormon salınır. Bu hormon beyne doyma sinyali gönderir.

Yağsız ürünler hem tatsızdır hem de daha çok acıktırır. 90'larda *low-fat* (düşük yağlı) gıdalar tüketerek daha çok kilo alan, depresyonlu bir nesil oluştu. Bu diyetlerle, antidepresanların leblebi gibi kullanılması aynı zamana denk geldi. Hormonların ve mutluluk hormonu serotoninin temeli yağdır.

Omega 3 ve omega 6 yağlarının iyi yağlar olduğunu öğrendik. Bu yağlara esansiyel yağlar diyoruz. Bunlar vücudun kendisinin yapamadığı, yemekle dışarıdan alınması gereken yağlardır. Sıvı yağlar olduğu için, herkes katı yağ yerine bu yağları kullanması gerektiğini bilir. O yüzden zeytinyağı dışında ayçiçek yağı, mısıryağı gibi diğer bitki yağları da, sıvı olmaları sebebiyle sağlıklı sanılıp bolca tüketilir.

Bu yağlar omega 6 yağ grubuna girer. Omega 6 yağlarından ayçiçek ve mısır yağı en sık kullanılan yağlardır.Yemeklerde bu yağların değil, zeytinyağınının kullanımını öneriyoruz.

Omega 3 yağları grubuna ise başta balık yağı ve bazı tohum yağları girer.

Omega 3 ve Omega 6 Yağları Arasındaki Fark Nedir?

Daha evvel anlatıldığı gibi; asitlenme söz konusu olunca, yediklerimizin sindirim sonucu bir asit son ürüne dönüşüp dönüşmediğine bakılması gerekir.

Buradaki sorun, fazla tüketilen omega 6 yağlarının, araşidonik asit denen bir maddeden enflamatuar son ürünler oluşmasına sebep olmasıdır. Enflamatuar vücudu tahrip eden, demektir. Oysa ortamda omega 3 yağları varsa, araşidonik asitten anti-enflamatuar, yani vücudu onaran son ürünler oluşur.

Omega 6'lar az miktarda alındığında yararlı yağlardır. Alınan Omega 6 yağlarının miktarı, omega 3 yağlarıyla orantılı olmalıdır. Tüketilen omega 6'ların miktarı, omega 3'lerin iki katından fazlaya çıkmamalıdır. Çıkarsa, bu miktar araşidonik asitten enflamatuar maddelerin oluşumunu artırır. Araşidonik asit, adı üstünde bir asittir. Başta kırmızı et ve yumurta sarısı olmak üzere hayvansal gıdalar yüzünden oluşur. Araşidonik asitten ortaya çıkan tahrip edici enflamatuar maddeler, basitçe vücutta asit yük yapar.

Omega 6'ların bu şekilde vücudu asitlendirmemesi için aldığımız omega 6 yağlarının yarısı kadar omega 3 yağı almamız gerekir.

Yağlar	*Omega-6 %*	*Omega-3 %*
Yalancı safran	%75	%0
Ayçiçek	%65	%0
Mısır	%54	%0
Pamuk Yağı	%50	%0
Susam	%42	%0
Fıstık	%32	%0
Zeytinyağı	%10	%1
Soya	%51	%7
Kanola	%20	%9
Ceviz	%52	%10
Keten Tohumu	%14	%57
Balık	%0	%100

Tablo 1. Çeşitli yağlar ve omega -3, omega-6 oranları

Sıvı yağ kullanmanın, trans yağlardan veya homojenize yağlardan, margarinden daha iyi olduğu gerçeğine sığınarak, omega 6 içeren sıvı yağları tüketmeyi abartmamak gerekir. Omega 6 yağları pamuk yağı, soya yağı, ayçiçek yağı, mısır yağı gibi bitki yağlarıdır.

Omega 3 ve omega 6'lara, poliansatüre yağ asitleri denir. Kısaca PUFA diye yazılırlar. Bu yağlar, çoklu doymamış yağlardır.

Daha önce de öğrendiğimiz bu bilgileri tekrar etmekte fayda var:

Doymuş yağ kötü, doymamış yağ iyidir.

Doymamışlık, protona doymamışlık demektir.

Doymuşluk, proton fazlalığı anlamına gelir. (H^+) Hidrojen iyonunun da proton olduğunu biliyoruz. Demek ki hidrojene yağlar, hidrojen ile doyurulmuş asitli yağlardır. Hidrojene yağlar proton yüklüdür.

İyi-kötü yağ konusunda ilk kural, bu bilginin akılda tutulmasıdır.

Doymuş yağ proton doludur.
Doymamış yağ elektron doludur.

İyi yağ nedir?

Hidrojene doymamış çok yeri olan,
Verecek elektronu çok olan,
Vücutta asit yükü yapan protonları alabilen,
Onları tamponlayabilen yağlardır.

Omega 3 ve omega 6'lar bu tip yağlardır. Ansatüre, doymamış yağlardır.

Omega 3'ün en önemli kaynağı balıklardır. Somon, ton, hamsi, uskumru örnek verilebilir. Bitkisel omega 3 kaynakları da vardır. Keten tohumu, kivi, semizotu, ceviz, badem, fındık, çörekotu örnek verilebilir. Bazı yerlerde okuyacabileceğiniz **EFA** ve **DHA** kısaltmaları **omega 3**'leri tarif eder.

Omega 3'ler vücutta yeterince mevcutlarsa, omega 6'ların tahribat yapmasına engel olurlar. İdeal oran 2/1'dir. Şu andaki modern beslenme şeklinde ise bu oran 20/1 durumundadır.

Açıkca görülüyor ki omega 6 tipi bitki yağlarını fazla kullanmakta ve bunlardan zarar görmekteyiz. Kaldı ki omega 3'ün kaynakları sınırlı olduğu için, haftada bir iki kez balık yemekle yeterince omega 3 alamıyoruz.

Bu yüzden, **eczanelerde satılan yüzlerce besin takviyesinden sadece birini seçmek gerekse, bu omega 3 desteği olmalıdır.**

Hamilelik ve çocuklarda omega 3 desteği kullanımı son yıllarda rutinleşti. Hamilelik ve çocuk sağlığı konularının ikisi de nazik konular olduğu için, bu alanda daha çok araştırma yapılıyor. Ancak omega 3 kullanımı herkes için zaruridir. Beslenmeyle yeterince omega 3 almak olası değildir. Çünkü omega 6 kullanımımız yüksektir. Bu miktarın yarısı kadar omega 3'ü beslenmeyle almak mümkün olmaz. Ayrıca pek çok hazır yiyeceğin içerisi, iyi yağ olduğu gerekçesiyle, omega 6'larla doludur.

Omega 3'lerin (omega 6'ları hizada tutmak dışındaki) asıl marifetlerine bakalım. Burada marifet, doymamış yerleri ile asitleri tamponlayabilmeleridir.

Hücre zarlarımızın yapısı da omega 3 benzeri doymamış yağlardan oluşur. Tüm doymamış yağlar gibi hücre zarının da elektronları çoktur. Protonları alabilirler.

Hücre içinde enerji üretimi sonucu oluşan serbest radikaller, milisaniyeler içinde kendilerine elektron arayan proton yüklü parçacıklardır. Reaktif saldırgan maddelerdir. Bu serbest radikaller hücre içi antioksidan sistemlerle temizlenir. (Glutatyon bunların en önemlisidir)

Temizlik için yapılacak şey çok basittir: Serbest radikale istediği elektronu vermek... Protonu fazla serbest radikal, derhal elektron bulmak ister. Hücre içi temizlikte kendisine elektron vermek, glutatyon başta olmak üzere karışık bir seri işlemle sağlanır. Bu durumda serbest radikal nötralize olur.

Glutatyon, hücre içi en güçlü antioksidandır, en iyi asit gidericidir. Ancak hücre içerisinde glutatyonun temizleyebileceğinden daha fazla asit veya serbest radikal oluşabilir. Çoğunlukla hücrede asit oranı alkaliden fazladır. Bu hem metabolik işlemler yüzünden hem de dış etkenler sebebiyle olur. Hava kirliliğinden kimyasallara, hazır yiyeceklerden sigaraya kadar serbest radikal yapan pek çok dış faktör vardır. Asitli beslenme bu duruma tuz biber olmaktadır.

Serbest radikallere, hücre içi temizlikçiler yeterince elektron veremezse, bunların elektron çalacağı en yakın yer, omega 3 yapılı hücre zarlarıdır.

Hücre zarlarından elektron çalınınca serbest radikaller zararsız hale gelir. Ama her elektronunu kaybeden maddenin proton fazlalıklı asit maddeye dönmesi prensibiyle, hücre zarı asitlenir. Hücre zarındaki asitlenme onun doğal yapısını bozar. Sağlıklı hücre zarı hiç elektron kaybetmemelidir. Aksi halde sertleşir, geçirgenliği azalır. İhtiyaç duyulanları hücreye sokup artıkları atmakta zorlanır.

Hücre zarının üzeri, reseptör dediğimiz kilitlerle doludur. İçeride işi olan her madde kendine uygun kilidi, kendi anahtarıyla açarak içeri girer. Bu insülin için de böyledir.

İnsülinin hücre zarında kendine ait reseptörleri vardır, glikozu hücreye sokar. Omega 3 yapılı hücre zarı serbest radikallere elektron verip sertleşince, hücre zarındaki reseptörün insüline duyarsızlığı başlar. Duyarsızlığa bağlı olarak insülin arttıkça, bir yandan da yağları depoya yönlendirir.

İnsülin duyarsızlığı, fazla karbonhidrat yemekten mi, yoksa genel olarak fazla asitlenmekten ve bu asitlerin hücre zarlarını insüline duyarsızlaştırmasından mı oluşur?

Eğer hücre zarı her zaman sağlam kalsaydı, ne kadar şeker tüketirsek tüketelim insülin bu şekerin gerekli miktarını hücre içine sokar, gerekeni de uzak yağ depolarına (basen ve kalçalara) gönderirdi. Neden göbek bölgesindeki hayati iç organların etrafını yağla doldursun?

Normalde bir dilim baklava ya da bir tepsi baklava yesek de insülin aynı hızla ve başarıyla şekeri kandan uzaklaştırabilir. Fazla yenen baklavaların kalorileri kalçalara yağ olarak gider. Ama karındaki kaslardan oluşan baklavalarımızı yağla doldurup bozmaz. Bu ancak insülin duyarsızlığı başlamamışken olur.

Doğru yağ kullanmak hücre kapılarını oluşturan hücre zarlarını korur. Hücre zarlarındaki omega 3 yerine yemekteki omega 3'ler, asit protonlara elektronlarını verirler. Hücre zarlarındaki reseptörler sağlamsa, daha az insülin kan şekerini dengelemek için yeterli olur.

Az insülin üretimi de pankreası daha az yorar.

Az insülin az yağ depolar.

Az kan şekeri daha az kollajen hasarı yapar. Bu durum hem daha sıkı bir cilt hem daha ince bel demektir.

Sadece aç kalarak, kalorileri sayarak, iyi yağları kısarak kilo verirsek, aynaya bakınca kalın belli, soluk mat ciltli, kilo veren yerleri sarkmış depresyona eğilimli birini göreceğiz.

Kilo vermek için iyi yağ yemeliyiz. Omega 3'ler bizi hem asitlenmeden, hem kilolardan korur.

Hayvansal yağ türlerinin yararı olmaması, doymuşlukları sebebiyle asit tamponlayamamalarından kaynaklanır. Proton yüklüdürler. Proton yükü, kanın dolaştığı damarlara zarar verir. Damarlardaki hücrelerin de zarları omega 3 yapısındadır. En yakınına saldıran protonlar için burası iyi bir hedeftir. Damar çeperinden elektron çalınırsa bu bölgeler sertleşir. Damar sertliği olur. Doymuş yağ yerine omega 3 yağları alınırsa damar sertliği azalır. Damar sertliğine bağlı tansiyon yüksekliği, damar esnekliğinin omega 3'le sağlanmasıyla azalır. Omega 3 desteği, önceki bölümlerde ayrıntılı olarak söz edilen kolesterol plaklarını da azaltır.

Tekli doymamış yağlar; zeytinyağı, avokado yağıdır.

Bir de doymuş da olsa mucizevi yağ sayılan hindistancevizi yağından söz etmek gerekir.

Zeytinyağı

Tekli doymamış yağ grubuna giren zeytinyağını pişirme yağı olarak kullanmak, omega 6 yağlarından daha sağlıklıdır.

Ayçiçek ve mısıryağı gibi omega 6 türü yağlar pişirme yağı olarak kullanılırsa, ısıyla içlerindeki doymamış kısımları okside olur. Aslında doymamış olan bu yağlar, ısıtılınca bir tür doymuş yağ gibi davranır. Bu yağları yemeklerde kullanmak sağlıklı değildir. Isıya dayanamazlar.

Avokado Yağı

Avokado, genellikle çok kalorili zannedildiğinden pek tüketilmez. Oysa avokadonun sadece % 2'si şekerdir, % 80'ni tekli doymamış yağ, % 15'i ise proteindir. Düşük şeker oranı sebebiyle, tek başına yenildiğinde avokado insülini yükseltmez. Ayrıca avokadodaki tekli doymamış yağlar depolanmaktan çok enerji oluşumu için kullanılırlar. Avokadonun içindeki potasyum muzdan fazladır. Potasyum da alkali minerallerden biridir.

Avokadonun içindeki protein yüzdesi baklagillerdeki kadardır. Avokado yağı ile zeytinyağı, içerdikleri yağ türleri açısından birbirlerine çok yakındır. Avokadonun içinde protein de olması onu çok iyi bir enerji kaynağı, çok besleyici bir madde yapar. Zeytinyağı tüketmenin faydalı olduğunu biliyoruz. Avokado ondan da faydalıdır.

Bazı bitkisel yağlar doymuş durumdadır, buna rağmen iyi yağlar grubuna girer.

Bunlardan hindistancevizi yağı çok faydalıdır.

Hindistancevizi Yağı

Hindistancevizindeki yağ, bitkisel yağdır, doymuş durumdadır. Ancak bu yağ, orta zincirli yağ grubuna girer. Bu tür yağlar depolanmaz, kolayca enerjiye çevrilir.

Hayvansal gıdalardan gelen yağlar da doymuştur ama uzun zincirli yağlardır. Bunları enerjiye çevirmek, vücut için uzun bir süreçtir. Ayrıca bu doymuş yağlardan enerji elde ederken, tıpkı yağ depolarımızdaki kendi yağlarımızı yakarken olduğu gibi asit artıklar ortaya çıkar. Vücut bu yağları yakmak istemez, depolamak ister. Uzun zincirli yağların akıbeti insüline bağlıdır. İnsülin fazla ise, uzun zincirli yağlar depolanırlar, insülin azsa yakılırlar.

Hindistancevizi yağının kullanımı insülinden bağımsızdır. Hindistancevizi yağı depolanmaz. Aksine metabolizmayı hızlandırır.

Bitkisel kökenli kısa ve orta zincirli yağlar vücut için süper hızlı enerji kaynaklarıdır. Özellikle egzersizde bu yağlar derhal enerjiye çevrilir, hemen yakılırlar. Bu yüzden hindistancevizi ve hurma gibi kolay enerjiye çevrilen, depolanmayan, bitkisel yağlı besinler sporcular arasında çok yaygındır.

Hindistancevizinin suyu da çok sağlıklıdır. Vücudu alkali yapan minerallerle doludur. Vücut sıvısına çok yakın mineral değerleri vardır. Hindistancevizinin sütünün pH'ı, yağı, besin değerleri, anne sütüne çok yakındır.

Son dönem yapılan araştırmalarda, hindistancevizi yağının, Alzheimer hastalığına bağlı beyin hasarını yavaşlattığına dair sonuçlar alınmıştır.

Hindistancevizi yağı cilt için de faydalıdır. Acil enerji kaynağı olduğu için, günlük fiziksel yorgunluğu azaltır.

Pişirme yağı olarak hindistancevizi yağı kullanmak en doğru seçimdir; ancak ülkemizde hindistancevizinin ne yağı, ne meyvesi yaygın olarak kullanılmaz.

Tohum Yağları

Tohum yağları da iyi yağlar grubuna girer. Keten tohumu yağı omega 3 içerir. Susam tohumu yağı aynı miktardaki sütten üç kat daha fazla kalsiyum içerir, ayrıca içinde bol miktarda magnezyum vardır. Kalsiyum ve magnezyum önemli asit tamponlarıdır.

Bunun dışında badem, fındık, ceviz, çöreotu, ayçekirdeği, kabak çekirdeği yağları sağlıklı tohum yağlarıdır.

İyi Proteinler

Bu başlığın altını doldurmadan önce, tartışma konusu birkaç besin grubunu gözden geçirelim.

Kırmızı Et

Kırmızı et tüketilmeli mi ya da haftada kaç öğün tüketilmeli gibi sorular, sık sorulan ama farklı cevaplanan sorulardır.

Kırmızı Et Asitlenmeye Nasıl Yol Açar?

* Yağlar ve karbonhidratlar karbon, oksijen ve hidrojen atomlarını içerirken proteinlerde bunlara ek olarak azot atomları vardır. Vücut, bu azotun fazlasını atarken asitlenir.

Azotun akıbeti ise amonyak olmaktır. Ancak amonyak son derecede toksik, son derecede zehirlidir. Karaciğer onu ânında tutup üreye çevirmek ve böbrekten idrarla atmak zorundadır. Üre de toksiktir ama amonyak kadar toksik değildir. Ne kadar protein yenirse o kadar amonyak olur.

Azot atomu böylece atıldıktan sonra, proteinde geriye kalan zaten karbonhidrat ve yağda olan atomlar olduğu için, onlar gibi ya depolanır ya da enerjiye çevrilirler.

Fazla kırmızı et, hem asitlenme hem yağlanma yapar.

Proteinlerin asit yüküne katkısının birinci sebebi azot içermeleridir.

* Kırmızı etin içindeki metiyonin ve sistein aminoasitleri, fosforik ve sülfürik aside dönüşür. Bunların da tamponlanması için kemikten kalsiyum kullanılır.

Fazla kırmızı et, hem asitlenme
hem yağlanma hem de osteoporoz yapar.

* Kırmızı et vücutta tahribata, enflamasyona sebep olabilecek araşidonik asit oluşumunu artırır.

(Araşidonik asidin enflamatuar mı yoksa anti-enflamatuar yollarına mı gideceğini ise ortamdaki yağlar belirler. Eğer ortamda omega 6 yağları fazla ise araşidonik asitten enflamatuar, vücudu harap eden ürünler oluşur. Ortamda yeterince omega 3 yağı varsa araşidonik asitten anti-enflamatuar maddeler çıkar.)

* İyi çalışmayan bir bağırsak sisteminde, et bağırsakta çok beklerse bakteriler onu çürütür. Bu çürüme sonucu yine toksik asitli maddeler açığa çıkar.

Kırmızı ete göre balık eti, mesela somon neden iyidir?

1- Tüm proteinlerde olduğu gibi somonda da azot vardır ama fosforik ve sülfürik asit yoktur.

2- Somon kendi omega 3 yağları sebebiyle araşidonik asidin vücuda zarar veren enflamatuar ürünler üretmesine engel olur.

3- Elbette somonun yağı doymamış omega 3 iken, kırmızı etinki doymuş yağdır. Somon yağı asit proton alabilecekken, kırmızı etin yağı proton üretir. Somon hücre zarlarını korur.

4- Somon asit yük yapmadığı için kemik kaybına sebep olmaz.

Pişirme usülleriyle eti olduğundan daha zararlı hale getiririz. Eti kızartmak, kömür ateşinde pişirmek zararlıdır. Bu şekilde pişirilen her yiyecek zararlıdır. Sucuk, salam gibi işlenmiş etler, kırmızı etten daha zararlıdır. İşlenmiş etlerin içleri katkı maddeleri ile doludur.

Kırmızı et tüketimiyle kanser arasında bağlantı kuran çalışmalar mevcuttur. Bu bağlantının sebebi etin asit yüküdür. Asitlenmenin oksijeni azalttığını, bunun kanser hücrelerinin bağışıklık sisteminin gözünden kaçmasını sağladığını hatırlayalım. Artan asitler, doku ve hücreleri asitlendirir. Bu asitlenme hücre zarları gibi hücrenin DNA'sını da zedeler. DNA'sı değişen hücre başkalaşır.

Tüm aminoasitleri alabileceğimiz en iyi kaynak hayvan etleridir. Bazı özel besin maddeleri de sadece etten alınabilir. Et yemeliyiz ama asitlenmeyi engellemeliyiz.

Et yemenin zararlarını azaltmak için şunlar yapılmalıdır:

* Et yendiği zaman özellikle bağırsak çalışmasını kolaylaştıracak lifli sebzeler yenmelidir. Etin bağırsakta beklememesine dikkat etmelidir.
* Kalsiyum kaynağı yeşil sebzeler, yenilen et miktarının en az üç katı kadar olmalıdır. Bu sebzeler çiğ olarak tüketilmelidir. Çiğ tüketilmeleri çok önemlidir. Yeşil çiğ sebzeler alkali olmada en büyük desteğimizdir.
* Et yendiğinde dışkı kokusu çok oluyorsa sistem kötü çalışıyor demektir. Dışkı kokusu ağırlaştığında daha çok alkali olmaya çalışılmalıdır.
* Et yerken yanına gerekli alkali kalsiyum desteğini de çiğ sebzelerden almalıyız.
* Hayvan etlerini tükettiğimizde onları tamponlamak için yiyeceğimiz alkali yeşillik destekleri aynı öğünde olmalıdır. Kana girdikleri anda birbirlerini tamponlamaları sağlanmalıdır.
* Günlük kilo başına 1 gr. protein alınması yeterlidir.
* Eti, peynir ve yumurta gibi diğer hayvansal proteinlerden ayrı tüketmemiz gerekir. Aynı anda birden fazla hayvansal protein türü asitlenmeyi artırır. Özellikle kırmızı etin, tek tip protein olarak tek başına tüketilmesi gerekir.
* Kas yapımını artırmak için verilen protein diyetlerine alkali besinler daha fazla eklenmelidir. Diyette ve spor yaparken

kas yapmak için yapılacak en iyi şey alkali olmaya çalışmaktır.

(Spor yaparken fazla sporun oluşturduğu laktik asit bizi asitlendiririrken, kas yapmak için proteinin fazla tüketilmesi vücudu daha çok asitlendirir.)

Kırmızı etteki yararlı besin maddelerini, eczaneden vitamin olarak tablet içinde almak mümkün olmaya başladı. B vitaminleri, alfa lipolik asit, demir gibi.

Süt ve Peynir

Süt, peynir ve yoğurtta doymuş yağ, protein ve karbonhidrat vardır.

Bu ürünlerdeki laktoz ve galaktoz isimli karbonhidratlar, basit şeker olan glikoza dönüştürülerek bağırsaktan içeriye alınır.

Pek çok insan akşam yemeğinde yoğurt ya da peynir yerken (yağsız peynir bile olsa) karbonhidrat aldıklarını ve kan şekerini yükseltebileceklerini bilmez. Oysa akşam yemeğinde bu gruptan besin tüketmek, kilo vermek isteyenler için uygun değildir.

Gıda duyarlılığı oluşturma ihtimali sebebiyle inek yerine keçi ve koyun sütü, peyniri, yoğurdu tüketilmesini öneririz. Duyarlılık yapan kısım besinlerin karbonhidratları değil, protein kısımlarıdır.

Süte karşı duyarlılıkla laktoz intoleransı çok farklı şeylerdir. Sütteki laktozu sindiren laktaz isimli enzimin genetik eksikliği yüzünden laktoz intoleransı meydana gelir. Daha farklı belirtileri vardır, nadir görülür.

Süte karşı duyarlılık ise sütün içindeki proteinleri bağışık sisteminin antijen olarak görmesinden kaynaklanır.

İnek sütü ürünleri grubu azımsanmayacak miktarda gıda duyarlılığına yol açar. Duyarlılık bu besinlerin proteinlerine karşıdır. Proteinleri antikorla kaplanır. Oysa biz bu besinlerden protein almayı amaçlarız.

Demek ki duyarlılığımız varsa bu besinlerin protein kısmından yararlanamayız. Geriye laktoz ve galaktoz olan şekerleri ve doymuş yağları kalır.

Bu sebeple, kilo vermeyi zorlaştırırlar.

İyi birer kalsiyum olduğunu düşündüğümüz bu besinlerdeki kalsiyum, kendilerinin sebep olduğu asitlenmeyi tamponlamaya bile yetmez. Modern ülkelerde süt fazlasıyla tüketilir, ancak buna rağmen kalsiyum eksikliğine bağlı osteoporoz çok yaygındır.

İnek yerine, keçi ve koyun hatta manda sütü ve bu sütlerin ürünleri protein kaynağı olarak kullanılabilir. İçlerindeki kalsiyum da vücuttaki kalsiyum deposuna gidebilir.

Alkali diyette kullanılacak en ideal peynir, lor peyniridir. Lor peyniri inek peynirinin suyundan yapılır. İnekten elde edilmesine rağmen inek peynirindeki antijenik proteinleri içermez. İyi türde protein kaynağıdır. Yağsızdır. Lorun bir başka faydası da, glutatyon ismiyle hatırladığımız bir numaralı çöp temizleyicisinin yapımını artırmasıdır. Kahvaltıda tüketilmesi en ideal peynir lor peyniridir. Sporcuların suya karıştırıp içtiği protein içeceklerinin üzerinde *whey protein* yazar, bu lor proteinidir. Lor çok da ucuz bir peynirdir. Asitlenme ve kilo artışı yapmaz. İçinde yeterince de kalsiyum vardır.

Süt ve Peynir Grubu Dışındaki Kalsiyum Kaynakları

Kalsiyum ve alkali olmak arasındaki bağlantı hem üzerinde çok çalışılan hem de sıklıkla yanlış anlaşılan bir konudur.

Kalsiyum ile alkali olmak arasındaki ilişki, kalsiyumun karbonat tamponuyla asit atılımı sağlamasındandır. Hatırlayalım; kanda tükenen kalsiyum-karbonat için böbrek, kemiklere başvurur. Kalsiyum karbonatın deposu kemiklerdir.

Kalsiyum içeren yeşil besinlerdeki kalsiyum, karbonatıyla beraberdir. Özellikle sebze ve tohumlardaki kalsiyum tamponlama için çok faydalıdır. Susam, badem, fındık, ceviz, baklagiller, ıspanak, yeşil yapraklı sebzeler, bazı kurutulmuş meyveler iyi kalsiyum kaynaklarıdır.

Bazı besinlerin kalsiyum içerikleri (100 ml/gr) şöyledir:

Badem..4,5234
Tarhana..600
Kurubamya..600
Kuru fasulye..480
Asma yaprağı..400
Fındık..209
Roka..205
Taze maydanoz..203
Taze nane..200
Susam..200
Nohut..150
Kurutulmuş patlıcan..140
Kuru incir..129
Ayçekirdeği..120
Karalahana..119
Kivi..100
Ispanak..93
Mercimek..80
Kuru kayısı..67

Yiyeceklerle gelen kalsiyumun sadece % 40 kadarı bağırsaklardan emilebilir, gerisi dışkıyla atılır. Kalsiyum emilimi on iki parmak bağırsağından yapılır. Burada kalsiyum, D vitaminine bağımlı bir proteinle içeriye alınır.

D Vitamininin Önemi

D vitamini olmadan kalsiyumun bağırsaktan emilimi azalır.

D vitamini, kalsiyumun böbrekten atılımını da engeller. Böbrek asit atarken ihtiyaç duyduğu karbonat tamponunu kalsiyumkarbonattan alır. Karbonatı kullandıktan sonra geri kalan kalsiyumun atılmasını engellemede D vitamininin rolü vardır.

Yiyeceklerden çok azı D vitamini içerir. Somon, ton balığı, uskumru ve bu tip balıkların karaciğer yağı, iyi D vitamini kaynaklarıdır. Güneş ışığı iyi bir D vitamin kaynağıdır.

D vitaminine giderek daha çok önem verilmektedir. D vitamini testleri artık rutine girmiştir. Eksiklik varsa, günlük veya 3 aylık dozda D vitamini kullanılması doktorlar tarafından önerilir. D vitaminiyle ilgili pek çok çalışma bu vitaminin kanserle, diyabetle, osteoporozla arasındaki anlamlı paralelliği araştırmaktadır. Genel olarak hekimler kemik kaybını önlemek için D vitamini takviyesi verirler. D vitamini kemik kaybını azaltır, çünkü besinlerle alınan kalsiyumun emilimini artırır. Besinlerle alınan kalsiyum asit temizlemede kullanıldığı için, kemikten kalsiyum çekilmez. D vitamini kullanımındaki asıl amaç, bu yolla asitlenmenin azaltılmasıdır.

Kemikleri korumak amacıyla yapılan tedaviler aslında asitlenmeyi gidermeye yöneliktir.

D vitamini alkali yapan bir vitamindir.

Buğday

Gıda duyarlılığında ilk sırayı gluten grubu alır. Demek ki buğday, arpa, yulaf ve çavdar içeren gıdalardan uzak durulmalıdır. Ancak pratikte uygulaması zor olduğu için özellikle beyaz unun asıl kaynağı olan buğdaydan vazgeçilmesi uygundur. Zaten un, üç zehirli beyazdan biridir.

Beyaz buğday ununu beyaz şeker ve beyaz sofra tuzu gibi görmemiz gerekir. O da sanayi ürünüdür. Şeker, tuz ve buğdayın aynı derecede sağlığa zararı vardır. Gıdaların bu türlerine hiç ihtiyacımız yoktur.

Buğday yerine *karabuğday* unu kullanılabilir. Karabuğday buğdayın sanayileşmemiş orijinal halidir. Darı, bakla, nohut, millet, kuinona (*quinona*) unları iyi seçeneklerdir. Pek çok markette glutensiz un, ekmek, makarna, kek mevcuttur.

Bu ürünler glutensiz un içerirler ama içinde un olan her şeyin karbonhidrat içerdiğini unutmayalım. Fazlası, şeker yükselmesi sebebiyle asitlendiricidir.

Karabuğday, en sağlıklı seçenektir. Karabuğday buğdaydan çok daha fazla protein içerir, kan şekeri seviyesini yükseltmez, bol lif içeriği ile bağırsakları çalıştırır.

Mayalı Gıdalar

Mayalı gıdalar benzer şekilde rahatsızlıklara sebep olabilir. Bağırsak şikâyetlerini artırabilir. Mayalı ve fermante besinlerin asitlenmeye katkısı vardır. Soya sosu, balzamik sirke, mayonez, hazır salata sosları bu gruptandır. Soya sosunun pH değeri 4,5'dir, oldukça asitlidir. Alkali beslenmede kullanılmamalıdır.

Alkoller

Çoğu mayalanmış gıda grubuna girer. Alkolün kendisi de asidiktir. Biranın pH'ı 4,5 'tir. Şarap 2,8 pH ile biradan daha da asitlidir.

Kahvenin pH'ı 4, siyah çayın pH'ı 4.6'dır. Kolanın 2,8 pH ile bu listenin başında yer aldığını biliyoruz. Alkali beslenmde alkolün yeri yoktur.

Meyveler

Düşük şeker içerikli meyvelere alkali beslenmede yer verilir. Ancak çoğu meyvede şeker oranı yüksektir. Bu şeker fruktoz şeklindedir. Yüksek şeker tadı olan meyveleri az miktarda tüketmek daha doğrudur. Taze de olsa meyve suyu içmenin iyi bir şey olduğunu sanmak büyük hatadır (düşük şekerli meyve seçmek ve bunları bütün olarak tüketmek gerekir). Hazır meyve suları ise çok asitlendiricidir.

Beyaz Etler

Etin rengini içindeki myoglobin ve demir miktarı verir. Myoglobin ve demirin çok olduğu etler kırmızı etlerdir.

Domuz eti: Domuz etinin kendisi asit doludur. Domuzların asit yükünü temizleyecek lenfleri olmadığı için metabolizma artıkları vücutlarında tutulur.

Tavuk / Hindi eti: Serbest dolaşan, doğal besinlerle beslenmiş tavuk etleri ızgara ve haşlama olarak tüketilmeye uygundur. Aynı koşullarda yetişmiş hindi eti de iyi bir protein seçeneğidir.

	Kcal	Protein	Yağ
Tavuk (100 gr)	140	27gr	3gr
Hindi (100 gr)	140 (yaklaşık)	27gr (yaklaşık)	3gr (yaklaşık)
Kırmızı et (100 gr)	240	23gr	15gr

Tablo 2. Et Çeşitleri ve Kalori, Protein, Yağ Değerleri

Kırmızı etteki yağ miktarının beyaz etten daha yüksek olduğunu görüyoruz. Kırmızı et tüketmekteki sorunlardan bir başkası, içindeki doymuş yağ miktarının beyaz etten daha fazla olmasıdır. Kırmızı etteki gram başına doymuş yağ miktarı, beyaz etin 2,5 katıdır. Dolasıyla aynı miktardaki kırmızı etin kalorisi de daha fazladır.

Balıklar

Başta somon olmak üzere balıklar iyi protein ve yağ kaynaklarıdır. Somon dışında sardalye, hamsi, ton balığı, uskumru sayılabilir.

Yumurta

Serbest dolaşan, doğal yemle beslenen tavuk yumurtaları tüketilmelidir.

Yumurta beyazı ideal protein kaynağıdır. İçinde ihtiyacımız olan bütün aminoasitler dengeli bir oranla bulunur.

Sarısı ise bir miktar araşidonik asit üretimine sebep olur. Araşidonik asidin ortamdaki omega 3 miktarına göre hareket ettiğini biliyoruz. Bu yüzden doğal yemle ve keten tohumuyla beslenen tavukların yumurtalarında daha çok omega 3 bulunur ve onlar daha sağlıklıdır.

Yine de günlük yumurta tüketiminde beyaz kısmı 5 taneye kadar çıkabilirken sarısı 1'i geçmemelidir. Asıl protein ve gerekli tüm aminoasitler yumurtanın beyazındadır. 1 yumurtada 8 gr. protein vardır.

Baklagiller

Barbunya, fasulye, mercimek, nohut, bezelye hepsi tavsiye edilir. Bu ucuz ve mütevazı baklagil grubu hem protein hem de enerji kaynağı olarak nedense az önemsenir.

Baklagillerin,

* 100 gramında 18 gr. protein vardır.
* Yağ içermezler.
* İçlerindeki karbonhidrat kana kolay karışmadığı için kompleks karbonhidrat adıyla anılır, basit şekerli nişasta değildir (oysa işlenmiş unlardaki nişasta tamamen basit şekerdir).
* Baklagilllerin içlerinde bol miktarda lif vardır.
* Kompleks karbonhidrat halinden basit şeker hallerine kadar sindirilmeleri vakit aldığı için kan şekerini hızla yükseltmezler.
* Kan şekeri hızla yükselmeyince insülin fazla uyarılmaz.
* Az insülin olması az yağ depolanmasına sebep olur.

Elbette kompleks halde de olsa karbonhidrat içerdiklerinden fazla yendiklerinde depolanırlar.

* Özellikle akşam yemeğinde yenen baklagillerden gelen karbonhidrat yağ olarak depolanabilir.

Tohumlar

Badem iyi bir yağ kaynağı olduğu gibi, iyi bir protein kaynağıdır.

Badem, ceviz, fındık, içerdikleri iyi yağlar ve proteinler sebebiyle faydalıdır. Ancak bunların içlerinde karbonhidrat da vardır. Bu sebeple fazla tüketilmeleri fazla kaloriye sebep olur.

Baklagiller gibi tohumların da akşam fazla tüketilmesi uygun değildir.

Tohumlar grubundan badem alkali olmak açısından çok önemli bir seçenektir. Diğerlerinden üstündür. Badem sütü alkali beslenmede en çok tercih edilen içeceklerden olmalıdır.

Badem sütü hazırlama: Dolapta alkali suda bir gece bekletilen kavrulmamış taze badem, ertesi sabah blender'dan çekilerek badem sütü hazırlanır. İçeriğindeki kalsiyum ve magnezyum sebebiyle yüksek alkali yapabilme kapasitesi vardır. Hafta da iki kez tüketilmesi önerilir.

Keten tohumu: Yüksek oranda bitkisel protein içerir. Keten tohumu, % 56 omega 3 ve % 16 omega 6 türü yağ içerir. Omega 3 kaynağı olarak tüketilmelidir. Balıkta bulunabilecek ağır metalleri içermez.

Yüksek oranda bitkisel lif içeren bir besindir. Günlük 20-25 gr. lif alımı önerilirken modern beslenme alışkanlıklarıyla bunun 10 gr.'ı günlük olarak alınır. Lif alımı düşük olduğunda bağırsak tembelliği artar. Dövülmemiş keten tohumu bağırsak hareketlerini artırır, kabızlığın giderilmesine yardımcı olur. Keten tohumu dövülmüş olarak tüketildiğinde ise ishali azaltır.

Lifli beslenmek, diğer besinlerin kana karışma hızını azalttığı için kan şekeri kontrolünde ve kilo vermede yardımcıdır.

Çiğ Sebzeler

Bu gruba bütün sebzeler girer. Renkleri koyulaştıkça alkali yapma güçleri artar. Beyaz, sarı, turuncu, kırmızı, yeşil ve mor olarak alkali yapma değerleri artarak ilerler. Bu renk skalası onların ORAC değerlerine göredir.

ORAC deyimi, bir besin maddesinin serbest radikal temizleme kapasitesini ölçme birimidir. ORAC, besinin antioksidan kapsitesidir.

Bir besinin antioksidan kapasitesi aynı zamanda alkali kapasitesiyle paraleldir.

Çiğ yeşil sebzelerde klorofil vardır. Klorofil bitkilere yeşil rengini veren maddedir. Bütün yeşil sebzeler klorofil içerir. Klorofil hemoglobinle aynı kimyasal yapıya sahiptir. Klorofilde farklı olarak demir yerine magnezyum vardır. Magnezyum, kalsiyumdan sonraki en önemli alkali mineraldir.

Ancak pişirmek sebzelerin klorofilini yok eder.

Ayrıca sebzeler çiğ yendiğinde içlerinde henüz enzimler canlıyken tüketilmiş olurlar. Bu enzimler hem sindirim hem de vücut içindeki başka kimyasal olaylar için çok gereklidir. Bu enzimler ve vitaminler ısıtma ile azalır. Pişmiş bir sebze yemeğiyle kıyaslandığında çiğ sebze tüketmek çok daha yararlıdır. En uygun yöntem buharda pişirmedir.

Sebzeleri Pişirmenin Zararları

* Sebzelerin pişirilmesi içlerindeki su miktarını azaltır. Sebzelerin suyu alkali sudur.
* Sebzeleri pişirmek, içlerindeki protein değerini % 50 azaltır. Oysa sebzeler iyi birer protein kaynağıdır. Sebzelerdeki protein, hayvansal proteinler gibi sindirim sonucu asit oluşturmazlar.

* Sebzeleri pişirmekle vitamin değerleri % 50-80 oranında azalır.
* Yüksek ısıda pişirildiğinde sebzelerin içindeki sindirim enzimleri yok olur.

Tüm çiğ sebzeler, kendilerini tam olarak parçalamaya yetecek miktarda sindirim enzimi içerirler. Pankreas, pişirme sonucu azalan bu enzimlerin yerine sindirim enzimi üretmek zorunda kalır.

* Pişirme, sadece vitamin ve enzim kaybına sebep olmaz. Yüksek ısıda pişirme, serbest radikal oluşumuna yol açar. Serbest radikaller asitlenmeye sebep olur.
* Sebzeler çiğken elektron deposudur. Pişirmeyle bu elektronlar kaybolur, pişmiş sebzelerin antioksidan özellikleri azalır.

Özellikle koyu yeşil ve mor sebzeler çiğ tüketildiklerinde çok yüksek antioksidan kapasitesine sahiptir.

* Semizotu gibi omega 3 türü iyi yağları içeren sebzeler pişirilince bu özelliklerini kaybederler. İçlerindeki iyi yağlar yüksek ısıda bozulur.

Çim Suyu

Buğday ve arpa çimi ve bu çimlerin suyu süper gıda grubundandır. Bu çimlerde, ihtiyacımız olan her türlü besin mevcuttur. Tüm amino asitler, protein, vitaminler gibi. Bu çimlerin içinde, potasyum, kalsiyum, demir, bakır, magnezyum, B12 vitamini, folik asit ve çinko bulunur. 5 gr. çimde, 114 gr. çiğ ıspanaktan daha çok protein ve lif vardır.

Çim suyu, aynı miktardaki inek sütünden 11 kat fazla kalsiyum, ıspanaktan 5 kat fazla demir, portakaldan 7 kat fazla C vitamini içerir.

Çimlerin % 70'i klorofilden oluşur.

Çim suyu içilebildiği gibi, özel yöntemlerle kurutularak tozları da hazırlanır.

Elma Sirkesi

Elma sirkesi diyabette, kolesterolü düşürmede, kanserde, kilo vermede, metal zehirlenmesinde, fibromiyaljiye bağlı kas ağrılarında yararlıdır.

Elma sirkesinin bu faydaları;

1. Yüksek alkali yapabilme kapasitesi,
2. İçindeki malik asit maddesinden kaynaklanır.

Malik asit, vücutta malat denen başka bir maddeye dönüşerek hücre içindeki enerji oluşumunu hızlandırır. Malat, ATP enerjisini üretmek için gerekli bir maddedir. Glikozun enerjiye çevrilmesi işlemi, hücrenin sitoplazma kısmından başlar, mitokondri olarak adlandırılan enerji fabrikası bölümünde devam eder. Bu ara geçişte malat görevlidir. Normalde vücut kendi malik asidini üretir. Ancak elma sirkesiyle vücuda giren malik asit, glikozdan enerji oluşumunu hızlandırır. Artan hücre enerjisi tüm iyileşme işlemlerinde kullanılabilir. Malatın içinde bulunduğu TCA siklusu olarak tanımlanan sistem özellikle kalp ve karaciğerde yoğun olarak işler. Karaciğerde yoğun olması karaciğer hücrelerinin hem glikozu daha hızlı kullanmalarını sağlar hem de elde edilen enerjiyle karaciğerin detoksifikasyon kapasitesini artırır. Elma sirkesi karaciğerin detoksifikasyon işlevine enerji sağlamaya yardımcıdır. Elma sirkesindeki malik asit, enerji üretimi sırasında elektron vericisi olarak çalışır. Alkali yapan tüm maddeler gibi fazladan elektronu vardır.

Elma sirkesinin kilo vermeye etkisi, alkali özellikleriyle yağ yakımını kolaylaştırdığı ve mevcut glikozun karaciğer tarafından kullanılmasını artırdığı içindir.

Elma sirkesi kan glikozunu azaltır.

Akşam yatarken içilen 1 bardak doğal elma sirkeli su hem sabah idrarını alkali yapar hem de idrar yollarını temizler.

Elma sirkesinin diğer faydaları:

* İçinde pektin vardır. Bu bir liftir, bağırsak hareketlerini kolaylaştırır.
* Pektin, hayvansal gıdalardan gelen kolesterolün emilimini azaltır.
* Elma sirkesi sebzelerdeki kalsiyumun serbestleşmesini kolaylaştırır.
* Potasyum içerir.
* Bakteriler ve mantarlar için öldürücüdür.
* Ürik asidi düşürür.
* Malik aside magnezyum eklenerek oluşturulan magnezyum malat tabletleri fibromiyaljide tedavi amacıyla kullanılır.
* Malik asit, enerji üretimini hızlandırdığı için spor performansını artırır. Antrenman sonrası kas ağrıları ve kramplarını azaltır.
* Genel olarak kronik yorgunluk sendromunu azaltır.
* Malik asit vücuttaki ağır toksik metallerin atılımını sağlar (alüminyum ve civa gibi).
* Cilt için iyi bir kozmetiktir.

Limon ve Misket Limonu

Limon ve misket limonu yemek, alkali olmak için en pratik yollardan biridir. Misket limonu ve çim suyu mevcut en alkali besinlerdir.

Limon, içindeki sitrik asit sebebiyle asitli olsa bile sindirildikten sonra yüksek düzeyde alkalizandır. Limon ve elma sirkesi kendileri asitli olduğu halde vücutta alkalilenmeye sebep olan iki güzel örnektir.

Asitlenmemek için etin yanında çiğ sebze suyu içilemediğinde, limonlu su içilmelidir.

Soyulmuş sebzelerin açıkta bekletilirken üzerlerine limon sıkınca kararmadıklarını biliyoruz. Solmuş salataya limon eklenince canlanır. Limon C vitamini ve antioksidan içerir. Antioksidan ifadesi geçtiğinde bu gıdanın elektron vericisi olduğunu hatırlamak gerekir. Her elektron verici alkali yapar.

Limonun sağlığa faydaları hakkında çok fazla başlık açılabilir. Gripten akneye, kabızlıktan diş eti hastalıklarına kadar faydalarını maddelerce sıralamak mümkündür. Tüm bu faydaları yüksek alkali yapabilme kapasitesinden kaynaklanır.

Karbonat

Mutfak karbonatı sodyum bikarbonattır. Kandaki bikarbonatla benzer yapıdadır. Bikarbonat vücudun en temel alkali tamponudur.

Tıpta pek çok yerde bikarbonat kullanılır. Faydaları şöyle sıralanabilir:

* Bikarbonat, sporcularda kasta oluşan laktik asidi azaltır, sporcu dopingidir. Bazı özel sporcu içeceklerinde bikarbonat vardır. Yorulmayı geciktirir. Kısa dönem yoğun egzer-

siz verimini artırır. Kasta laktik asit oluşumu fazla sporun asitlenmeye katkısını gösterir, ağrı ve kramplar laktik asit mevcudiyeti yüzündendir.

Spor yaparken saat başına 1 lt. karbonatlı su tüketmek spor verimini artırır. 1 litreye yarım çay kaşığı eczaneden alınan saf karbonat yeterlidir.

* Yüksek proteinli diyetler vücudu asitlendirir. Bu asitler böbrekten idrarla atılır. Kemikten çekilen alkali tampon kalsiyum, bu asitlerle birleşip daha az zararlı tuzlar oluşturur. Bu tuzlar birleşerek böbrek taşlarını meydana getirir. Karbonat kullanımı böbrek taşlarını azaltır.
* Ancak taş oluşumu ileri safhalarda görülür. Amacımız her zaman idrarın pH'nı daha az asitli yapmaktır. Karbonat kullanımı asit yükünü azalttığı için idrarın asit içeriği azalır.
* Böbrek hastalıklarına bağlı dehidratasyon durumunu gidermede karbonat ilaç olarak kullanılır.
* Diş çürüklerini azaltır, dişteki kalsiyumu korur.

Diş çürüklerine sebep olan asit ortamı sağlayan madde sukrozdur. Sukroz, glikoz ve fruktozdan oluşur. Ağız asitlenince bakteri üremesine uygun ortam oluşur. Dişler de kemikler gibi kalsiyum içerdiği için buradaki kalsiyum asitle birleşip onu tamponlamaya çalışır. Bu nedenle diş minesinde erime olur. Karbonatla ağızdaki asitler yok edilir.

Bikarbonat kullanımı diş minesine klasik diş macunundan daha az zarar verir.

* Mide şikâyetlerini gidermek için kullanılır. Basitçe midede HCL'yi (mide asidi) nötralize eder. Böylece mide asidi azalır. Şu şekilde formüle edilebilir:

NA HCO3+HCL=NACL+H2CO3
H2CO3=H2O+CO2

* Mide asidi azaldıkça vücudun asit havuzundan mideye yeni asit gönderilir. Böylece vücudun asit rezervi azalır. Bu en basit işlem bile karbonatın alkali etkisini açıklamak için yeterlidir.
* Hücrelerdeki ve kandaki tüm asit tamponlama sistemlerinin temel maddesi bikarbonat ile kimyasal formülleri aynıdır.
* Tıpta aspirine bağlı zehirlenmenin yarattığı asitlenmeyi gidermede, ürik asit yüksekliğinde, yanık kremlerinde, ödem ve hipertansiyonda kullanılan ilaçlarda, diyabete veya böbrek yetersizliğine bağlı asidoz hastalarında kullanılan ilaçlarda karbonat bulunur.
* Deodorantlarda, diş macununda, çamaşır, bulaşık makinesi ve buzdolabı koku gidericilerinde, porselen çaydanlıklardan çay ve kahve lekesini çıkarmak için kullanılan maddelerde karbonat vardır.
* Spalardaki havuzlarda suyun klorünü azaltmak için ve bakteri üremesini engellemek için kullanılır.
* Karbonat sodyumbikarbonat olarak vücuda girdiği için sodyum ihtiyacımıza da cevap verir. Sofra tuzundaki sodyum, sodyumklorür şeklindedir ve sodyum ihtiyacımıza cevap verir ama klorürle asitlenmeye sebep olur. Karbonat kullandığımızda sodyum ihtiyacımızı da karşılamış oluruz.
* Deniz tuzu ya da Himalaya tuzu ve karbonatı eczaneden almalıyız. Marketlerde satılan karbonatlar saf değildir. İç-

lerinde karbonat dışında başka maddeler bulunabilir. Eczanede saf karbonat satılır. Genellikle İngiliz karbonatı diye bilinir, çok ucuzdur.

Sağlık aslında ucuzdur, pahalı olan bozulduktan sonra düzeltmektir.

Alkali pH Damlaları

Alkali olmak için en pratik ve etkili yoldur. Küçük damlalıklı şişelerle eczanelerde satılır. İçlerinde çoğunlukla alkali mineraller olur. İçme suyuna eklenerek kullanılır. İçme suyunun pH'ını 8 ve üzeri değerde alkali yapar. Günlük olarak 5-8 bardak, içine alkali damla eklenmiş su içilmesi önerilir.

Alkali pH damlalarının özellikleri şunlardır:

* Suyun tadını değiştirmezler.
* Kalorisizdirler.
* Üzerlerindeki talimata göre bir bardak (250 ml) suya 10-20 damla eklenir.
* Aç karnına içilmesi önerilir.

Alkali pH Damlaların Sağlığa Faydaları:

* Suyun pH'ını yüksek alkali yaptıkları için daha az suyla daha çok asit artık temizlenir.
* pH değeri 10 ve 10'un katları olarak artar. pH'ı 6,5 olan içme suyuna pH damlası eklenerek pH'ı 8,5' a yükseltilen su 100 kat daha fazla alkali olur. Böylece orijinal halinden 100 kat fazla asit artığı vücuttan atabilir. Yeterince su içemeyen kişiler için kurtarıcıdır.
* Alkali değeri yükseltilmiş suyu içmek vücudun hidrasyonunu yükseltir.

* Alkali değeri artan kan dokulara daha çok oksijen taşır. Dokularda oksijenin artması, bakteri ve mantar enfeksiyonlarını engeller. Bakteri ve mantarların çoğu oksijensiz ortamda çoğalırlar.
* Oksijenlenme artışı dokuda kanser hücresi oluşumunu da azaltır. Kanser hücreleri de oksijensiz ortamı severler.
* Oksijen artışı enerjiyi artırır.
* Kilo kaybetmek için yağ yakabilmek ancak oksijen mevcudiyetinde mümkündür. pH damlaları kullanarak alkali olmak diyetlerde kilo vermeyi kolaylaştırır.
* Egzersiz yaparken kaslarda oluşan laktik asit sebebiyle asitlenme artar. Laktik asit kaslarda yorgunluğa da sebep olur. Yüksek alkali su içmek egzersiz süresini ve performansı artırır.
* Asitlenmeye bağlı kemikten kalsiyum kaybını azaltır.
* Vücudun asit yükünü gidermek için kullanılan magnezyumun bir kısmı kemikten, bir kısmı da kaslardan çalınır. Kasta azalan magnezyum kas kramplarına ve halk arasında kulunç tabir edilen fibromiyaljilere sebep olur. İçine pH damlası eklenen yüksek alkali su içmek bu şikâyetleri azaltır.
* Ağızdaki asitlenmenin sebep olduğu diş çürükleri ve kötü kokuyu engeller.
* Mide yanması ve reflü şikâyetlerini azaltır.
* Böbrek taşı oluşumunu engellemeye yardımcı olur.
* Fazla kahve ve çay tüketmenin asitlenmeye katkısını azaltmak için, içlerine pH damlası eklenebilir. Tadını değiştirmeden, içilen kahve ve çayın asit pH'ını azaltır.

7. BÖLÜM: VÜCUT ASİTLİĞİNİ ÖLÇME VE DEĞERLENDİRME

pH Dengenizi Kendiniz Ölçebilirsiniz

Öncelikle vücudun her sıvısının ayrı bir pH dengesi olduğunu bilmemiz gerekir. Örnek olarak arter kanı pH 7,34 ile 7,43 arası, tükürük pH 5,5 ile 7,5 arası, mide asidi pH 2,5'tir.

İdrarın pH'ı ise 5 ile 8 arasında değişebilir.

Doktorlar sağlıklı görünen insanlardaki "kronik düşük düzey metabolik asitlenme" diye tabir ettiğimiz durumu kan testleriyle ölçemez. Çünkü böbrekler bu durumu dengelemek için sürekli tam kapasite çalışmaya ayarlanmıştır. Hiçbirimiz kanımızı ölçtürerek asit olduğumuzu görmeyiz. Bu kana yansımaz. Akciğer, böbrekler, deri bu asitlenmeye, acil servislik hasta olana kadar izin vermez.

Böbreğin bu asitlenmeyle baş ederken yorulup yorulmadığını, gün içinde değişen idrar pH'ına bakarak söyleyebiliriz.

pH ölçmek için eczanelerde satılan hazır çubuk testler vardır. Kutusunun üzerinde renge göre pH değerini yazan skalaları olan çubuklarıdır.

Bunları idrar ve tükürüğe rahatlıkla uygulayabiliriz. 10 saniye içinde, kendi kutusu üstündeki pH skalasına bakarak değerini ölçebiliriz.

En doğru vücut pH'ını bulmak için sabah ilk idrarı ölçmek gerekir. Çünkü gün içinde beslenmeye bağlı olarak idrardaki asit değeri değişmektedir.

Gece boyunca en az altı saat idrara çıkılmamış olması istenir. Bu kadar sürede böbrekler kendi asit süzme işlerini düzgün olarak yaparlar. Gece boyu süren atılımla oluşan vücudun asit yükü, sabahki ilk idrarda belli olur.

Nasıl Yorumlayacağız?

pH 7 nötrdür, ne asittir ne alkalidir. İstediğimiz idrarın hafif alkali olmasıdır.

Bu bilgileri sürekli aklımızda tutarak ilk idrarımıza bakmalı ve pH'ının 6,5 ile 7,5 arasında, bazen daha da yüksek olmasını beklemeliyiz.

Eğer idrarın pH'ı 6,5'ten düşükse, vücutta gereğinden fazla asit yükü var demektir. Bunun sebebi bir gün önce fazla yenen asit oluşturan besinlerdir ya da yanında alkali oluşturan besinlerin az yenmiş olmasıdır.

Zaman içinde alkali besinleri artırdıkça, yavaş yavaş idrar pH'ı daha sağlıklı bir alkali aralığına yükselecektir.

Eğer gece altı saat idrara gitmeden duramıyorsanız, sabah ilk idrarınızı doğru ölçmek mümkün olmuyorsa, alternatif olarak tükürüğünüzü ölçebilirsiniz.

Sabah dişlerinizi 3 dakika fırçalayın. İçme suyuyla ağzınızı çalkaladıktan sonra, taze tükürüğünüzden pH'ınızı ölçebilirsiniz. Tükürüğün pH'ı da idrar gibi 7'nin üstünde olmalıdır. Tükürüğümüze pH kâğıdıyla bakmalı, 7 ve üstü olmasını umut etmeliyiz.

Sabah ilk idrara bakıp 7 ve üzeri olmasını beklemeliyiz.

Tükürük pH'ımız 8 gibi alkali bir düzeye yükseldiğinde asitleri tamponlamak için yeterince alkali depomuzun olduğunu anlarız.

Böyle günlerde kendimizi şımartmak için daha çok kaçamak yapabiliriz.

Sabah ilk idrar pH'ının 7 ve 7'nin üstü olması idealdir. Çünkü sabah idrarının gün içindeki idrardan daha asitli olması normaldir. Gün içinde 7,5 ve üzerinde devam ediyorsa, günümüz asitlenmeden geçiyor demektir.

Sonuçta tükürük ve idrar pH'ını ölçmek, vücudun alkali mineral rezervini ve o andaki asit durumunu değerlendirmekte bize pratik bir yol sağlar.

Çubuk testle bakamazsak asitlendiğimizi nasıl anlacağız?

Asitlendiğimizi gösteren işaretler:

* Koyu renkli idrar yapmak,
* İdrar miktarının az olması,
* Ter kokusunun ağır olması,
* Dışkı kokusunun ağır olması,
* İyi nefes alıp veremiyor olmak.

Bu belirtiler asitlilikle ilgili genel ipuçları olabilir.

8. BÖLÜM: ALKALİ BESLENME REHBERİ

10 ADIMDA ALKALİ BESLENMEYE GEÇİŞ

Bu bölüm, sizi adım adım alkali yaparak kilo vermenize yardım edecektir.

1- İdrarınızı takip edin.

* İdrarınızın koyu olmasına izin vermeyin.
* pH'ını ölçemeseniz bile koku ve renk takibi yapın.
* **Diyet yaparken idrarınızın koyu olmasının iki sonucu olabilir; Asitlenmeniz sebebiyle ya yağdan kilo veremediğiniz ya da kiloyu kaslarınızdan verdiğiniz anlamına gelir.**

2- Su için.

* Suyu alkali için.
* Limon, misket limonu, elma sirkesi suyla tüketilince vücudu alkali yapar.
* Karbonat katarsanız suyun pH'ı alkaliye yükselir.
* Eczanelerden hazır pH damlacıklarına ulaşabilirsiniz.
* Günlük olarak en az 3 litre su için.
* İdeali, suyu 20 kilo başına 1 lt. içmektir.

* Asitli kaçamaklar yaptığınızda içtiğiniz suyun miktarı artırın.
* Yemeklerden 20 dakika önce, yemekten 2 saat sonra su içilmesi kuralına uyun.
* Sabah ilk iş, gece son iş olarak alkali su için.
* Suyu bardak bardak için. Bir seferde çok miktarda su içmek işe yaramaz.
* Egzersizde saat başına 1 lt. fazladan alkali su için.
* İçtiğiniz suyun klorür ve florür içermemesine özen gösterin.
* Alkali su temin etmek için alkali su cihazlarını da kullanabilirsiniz.
* Sebze suları da su içmekle aynı etkiyi yapar. 3 lt.'yi, sebze suyuyla da tamamlayabilirsiniz.
* Kahve, kola, siyah çay içmeniz su içtiğimiz anlamına gelmez. Aksine bunlar mevcut suyunuzu azaltır. Bunlardan vazgeçemiyorsanız, üzerlerine iki bardak alkali su için.
* İdrar pH'ı asitse ya da idrar bir gün öncekinden daha koyuysa, ertesi sabah rengi açılana dek, gün boyunca fazladan alkali su için.
* Ter kokunuz keskinleşirse içilen su miktarını artırın.

Şöyle bir su içme programı uygulayabilirsiniz:

Sabah kalkınca 1 bardak,
Sabah ile öğlen arası 2 bardak,
Öğlen yemeğinden iki saat sonra 1 bardak,
Akşam üstü 2 bardak,
Spor yaparsanız saat başına 1 lt.,
Akşam yemeği ile yatma arası 1 bardak,
Yatarken 1 bardak.
Toplam 8 bardak su.

Harcadığınız vakit 15 dakika.

3- Sebze suyu içmeye alışın.

* Bunu alışkanlık haline getirirseniz asitlenmeyi çok kolay çözersiniz.
* Katı sebze sıkacağı vücudunuzu temizlemeye yardım ettiği gibi, vicdanınızı da temizler. Daha çok kaçamak asitlendirici yiyecekler yeme hakkını size verir. Çünkü fazladan sebze suyuyla onların zararlarını tamponlayabilirsiniz.
* Sebzelerin suyunu sıkınca, besleyici maddeler, enzimler, alkali maddeler, sebze suyu içinde daha konsantre olur. Aynı zamanda daha fazla miktarda sebzeyi tüketmiş olursunuz.
* "Sebze suyu", meyve suyu değildir. Meyve suyu, taze sıkılmış da olsa zararlıdır.

Meyvenin az şekerli olanlarını geç öğleden sonraki kaçamak saatlerinde yemeliyiz.

Günün kaçamak saati: Öğle yemeğinden 2 saat sonra, akşam yemeğinden 2 saat önce.

* Salatalık, ıspanak, brokoli, marul, kabak, lahana, mor lahana, maydanoz, patlıcan... Aklınıza ne gelirse, bunlardan yapılan sebze suları istenildiği miktarda tüketilebilir.
* Küçük bir ayrıntı olarak, akşam yemeğinde sarı ve kırmızı sebzelere izin verilmediğinden, akşamları sadece yeşil, mor ve beyaz sebzelerin suyunu içmelisiniz.
* Sebzelerin içindeki alkali elementlerin oranı kana benzer.

Sebzelerin içindeki sodyum ve potasyum oranı vücuttaki gibidir. Hücrelerin en temel çalışma mekanizmasının sodyum-potasyum pompası olduğunu hatırlayalım. Sebzeler tuzun zararlarını azaltır.

* Sebzeler bize canlılık verir. Bitkin hissettiğinizde sebze suyu için.
* Sıkılmış sebze sularını bekletmeden tüketin. Dolapta bir öğün sonrasına bekletmek isterseniz içine limon sıkın.
* Yeşillik tozu şeklinde satılan ürünleri de kullanabilirsiniz. Bunları akşam yemeğinde tüketin.
* Sebze sularını ya da yeşillik içeceğini içmeden önce içine bir tatlı kaşığı zeytinyağı atmalısınız. Bu, yağda eriyen vitaminlerin kana geçmesini sağlar.
* Sebze suları elektron deposudur. Elektronlar, vücudun asit protonlarını yok eder.
* Alkali su veya sebze suyu ile çok hızlı kilo verebilirsiniz. Kilolarınızı oluşturan yağların, kalçalarınızdaki yağ depolarından yakılmak için gelmemelerinin sebebi, yakıldıktan sonra ortamı asitlendirmeleridir. İnsülin duyarsızlığı da asitlenmeden kaynaklanır.

Alkali su ve sebze suyu yağlarınızı çözer.

4- Tuzunuzu değiştirin.

* Sofra tuzunu bırakın.
* Deniz ve Himalaya tuzu kullanın. Hem ödemlerinizi çözersiniz hem daha hızlı kilo verirsiniz.

* Tuzunuzu yanınızda taşıyın. Sofra tuzundan daha bonkör kullanabileceğiniz için, diğer baharatlarla beraber yemeklerinizin lezzetini artırır.

5- Oranlamayı öğrenin.

* Alkali olmak için besinleri seçerken iç ortamınızın asit oranına göre miktar belirleyin.
* Bunun için sabah ilk idrar pH'ını ölçün.
* Sabah ilk idrar pH'ı alkaliyse günlük yiyeceklerin üçte ikisi alkali besinler olmalıdır. (pH≥7)
* İdrar pH'ı az asitli ise, 2/3 oranında alkali yiyecekler alınmalı, içilen alkali su miktarı günlük 1 litre artırılmalıdır. (pH 6-7 arası)
* pH şiddetli asit ise, günlük besinlerin 3/4'ü alkali besinler olmalıdır. (pH≤6)
* İdrar PH'ının 7'nin üstünde olması, size gün içinde sevdiğiniz besinlerden kaçamak yapma hakkı verir. Bu kaçamak daha çok kahve veya et olabilir.

Yüksek asitli durum pH 6'nın altındadır. Böbrek, pH'ı 4,5'ten daha düşük asitli idrarı kendi içinden süzüp atamaz. Dolasıyla idrarda bulabileceğiniz en düşük pH 5'tir. 5 ve 6 arasındaki pH yüksek asitlidir.

Hızlı kilo vermek için çiğ sebze yemeniz gerekir.

* Salata denince aklınıza marul, salatalık ve domatesten başka bir şey gelmiyorsa, salatalarınıza ıspanak, kabak, semizotu vb. tüm yeşilleri eklemelisiniz.

* Patlıcan, brokoli gibi çiğ yenmeyen sebzeler için sebze suyu daha idealdir.
* Sebzeleri haşlamak, buharda pişirmek sakıncasızdır. Kilo aldırmazlar, doyurucudurlar.

6- Kaçamaklarınızı alkaliyle dengeleyin.

* Kaçamak yapıp sevdiğiniz asitli besinlerden yediğinizde günahınızı silmek için, bunları çiğ sebzelerle beraber tüketin.
* Hayvansal protein aldığınızda, karbonhidratlı besin tükettiğinizde yanlarına çiğ sebzeleri ekleyin.
* Uzun uzun salata hazırlayamam derseniz, sularını için.
* En tatlı kaçamak: Tatlı konusunda ideal olan hiç tatlı yememektedir. Kuru ve yaş meyvelerin az şekerli olanlarını az miktarda tüketebilirsiniz.
* **Meyve şekerinin cildimizi en çok yaşlandıran besin maddesi olduğunu unutmamalısınız.**
* Tadı şekerli olan hiçbir gıdanın akşamüstü en son kaçamak saatinden sonra yenmemesi gerekir.
* Bu kaçamak saatinden sonra, unluları, baklagilleri, süt grubunu, meyveleri, kuruyemişleri unutun.

7- Balık ve iyi yağların tüketimini artırın.

* Somon, hamsi, sardalye, uskumru vb. tüm balıkları bolca tüketin. Kabuklular hariç tüm deniz ürünleri iyidir.
* Yaşınız, kilonuz, cinsiyetiniz ne olursa olsun günde en az 1 tane, 1000 mg omega 3 tableti almaya başlayın.
* Yemek pişirmede zeytinyağını, ayçiçek ve mısır yağına tercih edin.
* Avokado ve hindistancevizi yağını çok faydalı oldukları için tüketin. Bu iki gıdayı hafife almayın.

(Avokadonun içine gömülmüş lor peynirinin üzerine konmuş birkaç zeytin, üstüne limon ve kırmızı biber şahane manzaralı bir kahvaltıdır.)

8- Doğru kalsiyum kaynaklarını öğrenin.

Koyu yeşil yapraklı sebzeler, tohumlar iyi kalsiyum kaynaklarıdır.

Bazı besinlerin kalsiyum içerikleri (100 gr.'da miligram olarak):

Sardalya	400 ml/gr.
Keçi sütü	300 ml/gr.
Turpların yeşil kısmı	246 ml/gr.
Badem	234 ml/gr.
Susam	200 ml/gr.
Su teresi	151 ml/gr.
Nohut	150 ml/gr.
Acı kırmızı biber	130 ml/gr.
Ayçekirdeği	120 ml/gr.
Brokoli	100 ml/gr.
Ispanak	93 ml/gr.
Mercimek	80 ml/gr.
Enginar	51 ml/gr.
Kabak çekirdeği	51 ml/gr.
Fasulye	50 ml/gr.
Brüksel lahanası	36 ml/gr.
Karnabahar	35 ml/gr.
Marul	35 ml/gr.
Salatalık	25 ml/gr.
Kuşkonmaz	23 ml/gr.

9- Alkali yapan besinleri öğrenin.

Alkali yapan besinlerden bazılarını şöyle sıralayabiliriz:
Limon, yeşil limon, ıspanak, soğan, sarımsak, maydanoz, brokoli, kırmızı biber, salatalık, fasulye, tatlı patates, fındık, badem, susam, keten tohumu, hindistancevizi, hindistancevizi yağı, hindistancevizi suyu, zeytinyağı, balık yağı, nar çekirdeği yağı, üzüm çekirdeği yağı, akşam sefası çiçeği yağı, avokado, zerdeçal, kavun, incir, hurma, siyah turp, kuşburnu, karpuz, kırmızı pancar, armut, siyah erik, elma, kuşkonmaz, karnabahar, şalgam, keçi sütü, pırasa, dereotu, havuç, mercimek, kereviz, erik, bezelye, patlıcan, ceviz, kahverengi pirinç, karabuğday, darı, lor peyniri.

Az asitli besinler:
Kuzu eti, hindi, tavuk eti, maden suyu, tereyağı.

Çok asitli besinler:
Ketçap, mayonez, hazır soslar, soya sosu, alkol, çay, kahve, kafein çikolata, kızartmalar, kömürde pişirilmiş etler, işlenmiş etler, şekerli gıdalar, beyaz unlu gıdalar, bisküvi, cips, sofra tuzu, mayalı gıdalar, malt içecekler, kahvaltı gevrekleri, şekerli besinler, sofra şekeri, bal, mısır şekeri, meyve şekeri, basit karbonhidratlardaki şeker, mısır, beyaz pirinç, beyaz un, inek sütü, inek peyniri, doymuş yağlar, kızırtma yağları, etler, ungillerden buğday, arpa, çavdar ve yulaf, fermante ürünler, mikrodalgaya girmiş yiyecekler, suni tatlandırıcılar…
Market ve bakkallarda paketlenmiş halde satılan ürünler yerine pazardan taze alışveriş yapmayı tercih etmelisiniz.

10- Akşam yemeğinizi doğru seçin.

Elbette aşağıdaki besinlerin bir kısmı faydalıdır. Amacımız akşam yemeğinde karbonhidrat miktarını azaltarak kilo vermektir.

Akşam yemeğinde kilo almamıza neden olacak besinler:
Tüm şeker içeren besinler
Tüm şekerli içecekler
Kolalı içecekler
Baklagiller
Süt-peynir-yoğurt, her tür süt ürünü
Tohumlar
Kuruyemişler
Meyveler
Kuru meyveler
Alkol
Un içeren her şey, ekmek, kek, makarna vb... (Çorbadaki un da buna dahildir.)
Baklagiller; fasulye, nohut, mercimek vb. iyi unlular
Pilav
Patates
Mayonez, ketçap, nar ekşisi, soya sosu, hardal gibi tüm soslar
Kırmızı-sarı-turuncu renkli sebzeler

Akşam yemeğinde bu besinleri tüketmek kilo aldırabilir. Çünkü içlerindeki karbonhidrat sebebiyle kan şekerini yükseltip insülini ortaya çıkarırlar. Bazıları çok az insülin oluşumuna sebep olsa da (baklagiller gibi) akşam saatinde yenmeleri kilo vermek isteyenler için uygun değildir.

Akşam kanda hiç insülin olmamalıdır.

Akşam yemeğinde karbonhidrat tüketilmezse insülin ortaya çıkmaz. Bu durumda vücut yemekteki enerjiyi yağa çeviremez.

Oysa akşam yemeği karbonhidrat içerirse, insülin bunu bir an önce kullanıp ortadan kaldırmak ister. Çünkü vücudun uykuya hazır olacağı saatlere az kalmıştır. Biyolojik saate göre vücudun uyku saati 23:00'dır. İdeali bu saatten 5 saat önce yemek yeme işinin bitirilmesidir. Bu da akşam yemeğinin saat 18:00'de yenmesi anlamına gelir.

Pratikte 23:00'da uyumak ya da akşam 18:00'da yemek yemek çok mümkün olmaz. Ama en azından akşam yemeğinde karbonhidrat almayarak insüline iş çıkarmayabiliriz.

Baklagil, tohum gibi iyi karbonhidratlar yerine, basit şekerli gıdalar tükettiğimiz için uzun yıllar içinde asitlenerek insülin duyarsızlığı noktasına ulaştık. Bu nedenle az miktarda iyi karbonhidrat bile, çok miktarda insülin salınmasına sebep olabilir. Bu tehlikeden korunmak için iyi karbonhidratların da akşam yemeğinde yenmemesini öneririm.

Özetle, **bel bölgesini inceltmek isteyen birinin yapacağı ilk şey erken saatte karbonhidratsız akşam yemeğidir.**

Ben haftada bir gün hiç akşam yemeği yemiyorum. Amerikalılar buna *Dinner Cancelling* diyorlar, akşam yemeği iptali. Bu yeni bir *anti-aging* uygulamasıdır. Günlük kalori kısıtlaması, üzerinde en çok araştırma yapılmış ve yararlılığı kanıtlanmış *anti-aging* uygulamasıdır.

En kolay ve hızlı kilo verme yolu akşam yemeğinin iptalidir. Akşam yemeğine 40-45 yaşımızdan sonra ihtiyacımız yoktur.

Akşamları hiç karbonhidrat alınmazsa ve haftada bir gece de akşam yemeği atlanırsa bel bölgesi çok hızlı olarak incelir. Gündüz çok yemek yeseniz bile beliniz ince kalır.

İnsülin akşam ortaya çıkmazsa vücut kendini uykuda tamir eder. Cildimiz de tüm diğer sistemlerimiz gibi gece tamir edilir. İnsülin kandan atılmadan tamir başlamaz. Şeker kandan atılmadan insülin de yok olmaz.

Akşam en ufak parça karbonhidratlı, şekerli besin yediğinizde gece uykuda yaşlanırsınız.

Akşam yemeğini insülini hareketlendirmeyecek şekilde ayarlarsanız uykuda gençleşirsiniz.

Zaman tünelinde geri gidebimek için akşam yemeği hiç karbonhidrat içermemelidir.

SONSÖZ

Bu kitapta sadece daha kolay yağ yakmayı ve sağlıklı kilo vermeyi değil, tüm sağlığı korumanın en basit yolunu öğrendik.

Alkali olmak her hastalığın birinci çaresidir.

Konuya hücre düzeyinden yaklaşılmalıdır. İster taş yapan böbrek hücresi, kırışan cilt hücresi, isterse sertleşen damar hücresi, erimeyen yağ hücresi olsun hepsi benzer şekilde çalışırlar, benzer şekilde de tahrip olurlar.

Bir hücreyi sağlam tutacak şartları yerine getirmek, tüm hücrelerin ve o hücrelerden oluşan organların sağlıklı olmasını sağlar. Örneğin, aknelerimizi iyileştirmek için yapacağımız alkali beslenme karaciğer ve kalp sağlığını da korur.

Sistem bir bütündür, hepsi birdir.

Tek tek hasarlanan hücrelerin bir araya gelmesi organlardaki hastalıkları oluşturur. Damardaki, safra kesesindeki, ciltteki hastalıklar gibi. O zaman kardiyolog, gastroenterelog, dermatolog ararız. Başlangıç hepsinde aynıdır.

Bu hasarın birikmesi uzun yıllar alır. Metabolik sendrom dediğimiz insülin duyarsızlığının diyabete dönüşmesi 8-10 yıl alabilir. Sigara, içildiği ilk gün kanser yapmaz. Vücut 25-30 yıl mücadele verir.

Asitlenme azar azar, teker teker hücreleri harap ederek günden güne ilerler.

Hastalıklara verilen ismin önemi yoktur, tedavileri semptomatiktir. İşin özü her hücreyi tek tek sağlıklı kılacak koşulları sağlamaktır. **Konuya tepeden bakıp büyük resmi görmek ve küçük hücreyi anlamak gerekir**.

Koruyucu tıpta yaklaşım bu şekildedir.

ALKAZONE®
Electrolyte Mineral Supplement
pH'ınızı
DENGELEYİN
ALKALİ SU DAMLASI
antioksidanlı
1.2 FL OZ.
ASİT BİRİKİMİNİ ENGELLEYİN
INSTRUCTIONS
CAUTION
WARNING
Made in USA
ALKAZONE®
Electrolyte Mineral Supplement
pH'ınızı
DENGELEYİN
ALKALİ SU DAMLASI
antioksidanlı
Alkali su vücuttaki asit artıklarından doğal yolla kurtulmaya yardımcı olur.
1.2 FL OZ.

YAZAR HAKKINDA

Dr. Ayşegül Çoruhlu, 4 Temmuz 1969 doğumludur. Orta öğrenimini İzmir'de tamamladı. 1994 yılında İstanbul Tıp Fakültesi'nden mezun oldu. Şişli Etfal Hastanesi'nde biyokimya uzmanlığı ihtisasını tamamlarken Boğaziçi Üniversitesi Biyomedikal Mühendisliği master programına devam etti. 2000 yılında Amerikan Hastanesi'nde biyokimya uzmanı olarak çalışmaya başladı. Daha sonra İntermed Polikliniği Laboratuvar Şefi olarak görevine devam etti. Bu görevde kaldığı yıllar içinde Dr. Hasan İnsel ile koruyucu hekimlik konseptine uygun *check-up* programları hazırladı. Antioksidan, gıda duyarlılığı, kişiye özel hormon ve genetik testleri gibi ileri *anti-aging* yaklaşımlarını ilk uygulayanlardan oldu. Vitamin ve mineral desteği kullanımı konusunda uzun süre eczacı ve doktorlara seminerler verdi. Halen *Muscles and Fitness* dergisi ve *Splenda*'nın medikal danışmanıdır; kendi kliniğinde alkali beslenme ve vitamin kullanımı için *check-up* başlıkları altında hasta kabul etmektedir.

Ayşegül Çoruhlu iletişim:
facebook/alkalidiyet
twitter/draysegulcoruhlu
www.Alkalidiyet.com

ÖRNEK BESLENME PLANIM

Bu bölümde kendim için uyguladığım günlük beslenme planını, genelde tükettiğim besinleri ve vitaminleri örnek olması için veriyorum. Bu düzenlemeler kişinin ihtiyacına göre değişir. Bunlar, sadece benim kendime önerilerimdir.

* İlk iş idrara bakılacak. pH çubuğunuz yoksa, her gün idrarın daha açık renkte olduğunu görmeye çalışmalıyız.

* Dişler, florürsüz diş macununa karbonat eklenerek fırçalanmalı.

* 1 çay kaşığı zerdeçal, 1 çay kaşığı tarçınla, az suda karıştırılıp içilmeli. (Tarçın, insülinin daha az ortaya çıkmasını sağlar. Tatlı isteğini azaltır. Zerdeçal DNA tamiri yapar.)

* Bir litre suya yarım çay kaşığı karbonat atılıp alkali su hazırlanmalı. 1 bardak içilmeli. İki kuru siyah kayısı ve siyah erik yenmeli. Bu kuruyemişler bağırsak çalışmasını artırır.

KAHVALTI
Aşağıdaki seçenekler arasından doyana kadar yemek serbesttir:

Lor peyniri,
Salatalık ve diğer yeşillikler (Limon ve soğuk sıkım zeytinyağı ekleyerek
gün içinde sarı ve kırmızı sebzeleri tüketmek serbesttir.)
Siyah tuzsuz zeytin,
4 yumurta beyazı ve 1 sarısı ile omlet veya haşlama,
Az miktarda tereyağı,
Keçi, koyun peyniri türleri,
Bir avokado, limonla (mayonez veya başka sos kullanılmamalı),
İki dilim glutensiz ekmek,
Az miktarda üzüm pekmezi ve tahin,
Yeşil çay ve bitki çayları,
Badem sütü,
Badem; protein, yağ, kalsiyum içeriği ve yüksek alkali özellikleri-yle diğer kuruyemişlerden üstündür. Sütünü yapmak zor gelirse, bir avuç çiğ badem tüketilebilir .
Haftada birer gün ceviz ve fındık da kahvaltıya eklenmelir.

* Evden acele çıkmak gerekiyorsa mikserde aşağıdaki karışım hazırlanabilir.

Malzemeler:

1 ölçek yeşillik tozu,
Birer kaşık, aktardan alınmış dövülmüş keten tohumu, üzüm çekirdeği tozu, nar çekirdeği tozu,
3 çiğ organik yumurta beyazı,
Bir çay kaşığı zerdeçal,
Bir yemek kaşığı soğuk sıkım zeytinyağı,
Bolca alkali su eklenerek iki bardaklık hızlı kahvaltı hazırlanabilir.

ÖĞLEN

Kahvaltı bittikten iki saat sonra,1 adet kafeinsiz, şekersiz kahve. Üzerine 1 bardak alkali suyumuzdan içilmeli.

Öğlen alternatifleri çok geniş tutulmuştur. Aşağıdakiler, doyana kadar serbesttir.

Yemekten 20 dk. önce 1 bardak alkali su içilmelidir.

Her türlü çiğ sebze, salata,
Haşlama, buharda pişmiş tüm sebzeler,
Tüm çorbalar,
Her çeşit zeytinyağlı sebze yemeği,
Baklagillerin hepsi,
Balık türevlerinin hepsi,
Izgara tavuk/hindi eti,
Salatalar (sos olarak sadece limon, zeytinyağı ve elma sirkesi),
Kahverengi kabuklu pirinç pilavı,
Kabuklarıyla haşlanmış patates, varsa tatlı patates,
Glutensiz undan makarna, pizza,
2 dilim glutensiz ekmek,

Yemeklere bolca kırmızı biber ekilmeli,
Kızarmış besinler tüketilmemeli (sebze bile olsa)
Mikrodalgada pişmiş, ısıtılmış besinler tüketilmemeli,
Himalaya tuzu (restoranlardaki sofra tuzu kullanmamalı)

GEÇ ÖĞLEDEN SONRA
Öğle yemeğinden 1 saat sonra 2 bardak yeşil çay içilmeli.
Öğle yemeğinden 2 saat sonra 1 bardak alkali suya 1 tatlı kaşığı tarçın konarak içilmeli.
Bu esnada küçük günahlar serbest:
1 porsiyon tatlı , 2 meyve ya da 2 parça çok koyu çikolata.

SPOR SAATİNDE
Akşam yemeğinden önce spor yapılacaksa;
3 yemek kaşığı hindistancevizi sütü,
Ya da 2 adet hurma,
Ya da 2 adet kuru incir.
Spor boyunca 1 litre alkali su.
Spor sonrası protein içeceği içmek istenirse, akşam yemeğinde ya protein alınmamalı ya da yanında içilen sebze suyu miktarı artırılmalı.
Sporcu proteini ile yeşillik tozu alkali suyla içilmeli.

AKŞAM
Öğlen yemeğinden en az 4 saat sonra akşam yemeği yenmeli.

AKŞAM YEMEĞİNİN KURALLARINA MUTLAKA UYULMALI.

* Akşam yemeği, olabilecek en erken saatte yenmeli. 18:00 idealdir, 20:00 sınırdır.
* Sadece sebze ve protein tüketimini öneririm.
*Yemekten 20 dk. önce 1 bardak alkali su içilmeli.

İZİN VERİLENLER:
* Her türlü sebze. Beyaz, yeşil ve morlar serbesttir. Sarı ve kırmızı sebzeler tüketilmemelidir.
* Sebzenin büyük kısmı çiğ olmalı.
* Protein olarak haşlanmış ve ızgara somon balığı ve diğer balık türevleri (kabuklular hariç)
* Hindi eti, tavuk göğüs eti, dana ve kuzu eti, dana ciğeri, kelle-paça, pastırma.
* Yenilen protein miktarının 4 katı kadar çiğ sebze yenmelidir.
* Yeterince çiğ sebze tüketilemezse sebze suyu hazırlanmalı.
* Kırmızı et her yendiğinde sebze desteği normalden daha fazla alınmalı.
* Akşam yemeği lokmaları en az 15 kez çiğnenerek yutulmalı.

* Yemekle beraber su dahil alkol, ayran, meyve suyu, soda vb. hiçbir sıvı içilmemeli. Sadece şekersiz bitki çayı serbesttir.
* Yemekten 2 saat sonra 1 bardak suya 1 yemek kaşığı limon veya doğal elma sirkesi eklenerek içilmeli. Sindirimi rahatlatır.
* Gece boyunca şekersiz bitki çayları serbesttir.
* Televizyon karşısında atıştırmak için bolca limonlu salatalık yiyebilirsiniz.
* Çok acıkırsanız, haşlanmış brokoli veya karnabahar, bol limonlu ve soğuk sıkım zeytinyağıyla serbesttir. Bir tencere dolusu yeseniz de sorun yoktur.
* Mide kazınırsa yatmadan hemen önce bile olsa, 1 katı yumurta yenebilir.
* Yatmadan önce 1 bardak alkali su içilmeli.
* Yatma saatinin ideali 23:00-24:00'dır. Yatak odası tamamen karanlık olmalı, karanlık değilse göz bandı kullanılmalıdır.
* Diyet boyunca, idrar gibi dışkılama takibi yapılmalı.

DIŞKILAMA KURALLARI:

* Her sabah aynı saatte tuvalete girilmeli,
* Dışkının rengi çok koyu olmamalı,
* Parçalar halinde değil bütün olarak çıkmalı,
* Kokusu olmamalı,
* Probiyotik kullanımı önemlidir. Eczaneden tablet olarak alınıp tüketilmelidir.

Probiyotik kullanımı iyi bakterilerin çoğalmasını sağlar. Etin içeride çürümesini ve kokuyu azaltır.

Sebze yendiğinde yeşil yapraklarında bulunan K vitamini bağırsaktaki iyi bakteriler tarafından oluşturulur.

Vücudunuzda hafif darbelerle bile kolayca morarma sorunu varsa, bunun nedeni K vitamini eksikliğinden kaynaklanıyor olabilir. K vitamininin bağırsakta iyi bakteriler tarafından oluşturulması, gözlerinizin altındaki morlukları da gidermeye yardımcıdır.

* Bağırsak sağlığını korumak için lifli besinleri tüketmek önerilir. Ancak lifli besinler tüketilemediğinde eczanede satılan lif içeren destekler kullanılabilir. Lifli besinler bağırsaklar kadar karaciğere de yardımcıdır.
*Karaciğer detoks yapan organımızdır. Karaciğerden atılacak toksinler safrayla bağırsağa gelir. Ancak bağırsak hareketleri yavaşsa ve yeterince lif yenmiyorsa bu toksinlerin çoğu geri emilir.
*Östrojen hormonunun fazlası da böyle atılmaya çalışılırken lif yoksa geri emilir.
* Et grubu proteinlere bağlı koku asitlenme işaretidir. Dışkıda koku varsa çiğ sebze tüketimi o gün artırılmalıdır.
*Bağırsak hareketlerinin özellikle et yenen günde yavaş olmaması önemlidir. Bağırsakta etleri fazla bekletmemek için et yenen öğünlerde form çayı da tüketilmelidir.

ALIŞVERİŞ LİSTESİ

* Himalaya tuzu
* Tarçın
* Zerdaçal
* Elma sirkesi
* Limon
* pH'ı 7'nin üzerinde alkali su
* Yeşil çay
* Tüm baharat çayları
* Brokoli-karnabahar
* Somon
* Lor peyniri
* Kırmızı pul biber
* Avokado
* Hindistancevizi ya da sütü, yağı
* Soğuk sıkım zeytinyağı

(Her tür yağın soğuk sıkım olması onların elekron verebilme özelliklerini korumalarını sağlar)

* Keten tohumu ve baharatların her türü
* Kavrulmamış badem
* Koyu kuru kayısı
* Hurma
* Kuru incir
* Kuru erik

* Her türlü yeşillik- salatalık, marul, maydanoz, ıspanak, kabak,
mor lahana vb.
(Morlar yeşillerden üstündür. 1 bardak taze mor lahana suyu o öğündeki tüm asitleri giderir.)
* Baklagiller-mercimek barbunya, fasulye, bakla vb.
* Glutensiz unlu ekmek (Büyük marketlerde bulunabiliyor. Evde yapılabilir.)
Gluten diyetine uymakta zorlananlar bir miktar asitlenmeyi göze alıp en azından buğdaydan tamamen vazgeçerek diğerlerini kullanabilirler (çavdar, arpa, yulaf)
* Darı, nohut unu, akdarı unu
* Karabuğday ekmeği de kilo vermek için idealdir. Karabuğdayın içinde gluten yoktur. Gaz, şişkinlik, kilo yapmaz.
(Mısır unu ise fruktoz içeriğinden dolayı asitlenme yapar)
* Kahverengi pirinç
* Patates
(Kabuklarıyla haşlanmış patates ve tatlı patates alkalidir)
* Serbest dolaşan tavuk yumurtası
* Keçi sütü, keçi peyniri, koyun peyniri, yoğurdu, soya peyniri tofu.
(İnek ürünlerinden sadece kefir kullanılabilir.)

VİTAMİN-MİNERALLERİM

Önemli uyarı:
Bu gruptaki vitaminler kendi yaklaşımımla ilgili fikir vermek amacıyla hazırlanmıştır. Kullanmadan once mutlaka kendi doktorunuzun fikrini almanız önerilir.

Eczaneden alınacaklar:

* Omega 3, 1000'lik tablet
* D3 vitamin, 2000 IU tablet
* CLA tablet
* İngiliz karbonatı
* Magnezyum, 400mg. tablet
* Yeşillik tozu
* Psylium fiber tablet
* Resveratrol tablet

* Probiyotik tablet
* Alpha lipoic acid, 100 mg.
* Florürsüz diş macunu
* Glucobay, 50 mg. tablet

Kullanımları :
Sabah kahvaltıyla beraber:
* Omega 3, 2 adet. (Bu miktar asla çok değildir. İdeal kullanım daha fazlasıdır. Kilo yapmaz. Kilo verdirir.)
*Resveratrol = Bilinen en iyi antioksidandır.
* D3 vitamini, 1 adet. (D3 vitamini olmadan besinlerdeki kalsiyumdan yararlanmak zordur. Kalsiyum olmadan alkali olunmaz.)

* Magnezyum, 1 adet. (Magnezyum da kalsiyum kadar önemlidir.)

* Probiyotik tablet, 3 adet,

* Psylium fiber, 2 adet. (Bu lif demektir. Türkçesi süpürge tohumudur. Karaciğerin atmak için bağırsağa yolladığı toksinlerin geri emilimi azaltır. Dışkılamayı kolaylaştırır.)

* Alfa lipoik asit, 1 adet. (Alfa lipoik asit hem hücre içini hem hücre zarını asit hasarından korur. Hücrenin çöp temizleyici sistemini güçlendirir.)

* Öglen ve akşam yemeklerle 2'şer adet CLA.
(CLA, Lipoprotein lipazın karın bölgesine yağ depolanmasını azaltır. Kilo verilmek istenen dönemde 1 ay kullanılıp bırakılır.)

* Yeşillik tozlarını akşam yemeğiyle alın.

* *Glucobay kullanımı:* Öğle yemeğinde pilav, patates, fazla ekmek gibi karbonhidratlar yenirse, aynı anda 1 tablet yemekle beraber çiğnenerek alınmalı. Rahatsız eden gaz yapıcı etkisi vardır. Ancak nişastanın emilimini azaltır. Karbonhidratlardaki unun bağırsaktan içeri alınmasını azaltır. Gaz dışında yan etkisi yoktur. 50 mg tek tablet uygundur.

**Karbonat kullanımı:* Her su alımında 1 litre suya yarım çay kaşığı ölçüsünde ekleyin.

	Çok ALKALİ	Orta ALKALİ	Az ALKALİ	Az ASİTLİ	Orta ASİTLİ	Çok ASİTLİ
Süt, Peynir, Yoğurt, Yumurta	Hindistan cevizi sütü Badem sütü	Lor peyniri Kefir Koyun sütü Koyun peyniri Keçi sütü Keçi peyniri Tofu Keçi yoğurdu Koyun yoğurdu	Soya sütü Pirinç sütü Manda sütü Manda yoğurdu	Doğal inek sütünden yoğurt Köy peyniri Kaymak Taze tereyağı	Hazır yoğurt	Dondurma Pastörize inek sütü Hazır inek peyniri
Et, Balık, Tavuk, Yumurta		Yumurta beyazı (serbest dolaşan tavuktan) Somon (soğuk denizden)	Çiftlik somonu Tatlı su balıkları Hamsi Sardalya Uskumru Ton	Yumurta sarısı (serbest d. tavuktan) Kuzu eti Hindi eti Kelle paça Karaciğer Pastırma Tavuk (serbest dolaşan)	Dana eti Diğer organ etleri Kabuklu deniz ürünleri	Domuz eti Sığır eti Kömürde et Kızartma et İşlenmiş etler Tütsülenmiş etler Salam-sosis-sucuk
Meyveler	Misket limonu Limon Hindistan cevizi Avokado Greyfurt	Taze hurma Kavun Taze İncir Olmamış yeşil muz Siyah erik Üzüm pekmezi	Karpuz Kayısı Çilek Böğürtlen Nektarin Kuru hurma Kuru incir Kuru siyah erik Siyah üzüm Armut	Portakal Ananas Elma Dut Papaya Beyaz üzüm Nar Olgun muz Mandalina	Kurutulmuş meyveler	Hazır meyvelerden marmelatlar, reçeller Salamura meyve Diğer kurutulmuş meyveler Meyveli şekerlemeler

	Çok ALKALİ	Orta ALKALİ	Az ALKALİ	Az ASİTLİ	Orta ASİTLİ	Çok ASİTLİ
İçecekler	Alkali su Hindistan c. suyu Misket limonu suyu Limonlu su Elma sirkeli su	Yeşil çay Beyaz çay Bitki çayları	Sade maden sodası		Doğal meyve suyu Kafeinsiz kahve Siyah çay Türk kahvesi	Hazır meyve suyu Kolalı içecekler Kahve Alkol Enerji içecekleri
Baharatlar	Himalaya tuzu Deniz tuzu	Zerdeçal Tarçın Kırmızı pul biber	Diğer tüm baharatlar	Köri	Ketçap Mayonez Sofra tuzu Hardal	Soya sosu Hazır salata sosu Balzamik sirke
Yağlar	Hindistan cevizi yağı Avokado yağı Zeytinyağı (soğuk sıkım) Keten tokumu yağı Okyanus balığı yağı	Balık yağı Çörekotu yağı Üzüm çekirdeği yağı Nar yağı Çuha çiçeği yağı CLA yağı	Diğer tüm tohum yağları	Fındık yağı Ceviz yağı Tereyağı	Ayçiçek yağı Mısır yağı Pamuk yağı Hint yağı	Margarinler Hidrojen yağlar Yanmış yağlar Kızarmış yağlar Trans yağlar Hayvan yağları
Baklagiller/ Un/Tahıl	Soya lesitini Soya unu Kara buğday	Quinoa Glutensiz un	Esmer pirinç Nohut Mercimek Tatlı patates Darı Bezelye	Kabuklu pirinç Tam tahıllı ekmek Buğday ruşeymi	Beyaz pirinç Mısır unu Arpa Yulaf Çavdar	Kahvaltı gevrekleri Beyaz buğday unu
Tohum	Badem	Susam Keten tohumu Kenevir tohumu Çörek otu	Ayçekirdeği Kabak çekirdeği Makademya fındığı	Kestane Ceviz Fındık	Fıstık	

	Çok ALKALİ	Orta ALKALİ	Az ALKALİ	Az ASİTLİ	Orta ASİTLİ	Çok ASİTLİ
Sebzeler	Sebze suyu Buğday çimi Arpa çimi Misket limonu Limon Alfalfa otu Deniz yosunu Taze soya filizi Ispanak Salatalık Bambu filizi Soya lesitini Kırmızı turp Kırmızı lahana Enginar Roka Kuşkonmaz Maydanoz Zencefil Avokado Brokoli Karahindiba Semiz otu	Kabak Kereviz Marul Yeşil biber Pancar Beyaz lahana Beyaz turp Karnıbahar Brüksel lahanası Bamya Yeşil fasulye Pırasa Su teresi Soğan Sarımsak	Şalgam Havuç Patates Domates Patlıcan Tüm sebzelerin pişirilmiş hali	Mısır		

10 adımda alkali beslenmeye geçiş

1) İdrarınızı takip edin

* İdrarınızın koyu olmasına izin vermeyin.

* pH'ını ölçemeseniz bile koku ve renk takibi yapın.

2) Su için

* Suyu alkali için.
* Karbonat katarsanız suyun pH'ı alkaliye yükselir.
* Günlük olarak en az 3 litre su için.
*Sabah ilk iş, gece son iş olarak alkali su için.

3) Sebze suyu içmeye alışın

*Bunu alışkanlık haline getirirseniz asitlenmeyi çok kolay çözersiniz
*Alkali su ve sebze suyu yağlarınızı çözer.

4) Tuzunuzu değiştirin

* Sofra tuzunu bırakın.
* Deniz ve Himalaya tuzu kullanın. Hem ödemlerinizi çözersiniz hem daha hızlı kilo verirsiniz.

5) Oranlamayı öğrenin

* Alkali olmak için besinleri seçerken iç ortamınızın asit oranına göre miktar belirleyin.
* Bunun için sabah ilk idrar pH'ını ölçün.

6) Kaçamaklarınızı alkaliyle dengeleyin

* Kaçamak yapıp sevdiğiniz asitli besinlerden yediğinizde, bunları çiğ sebzelerle beraber tüketin.
*Meyve şekerinin cildimizi en çok yaşlandıran besin maddesi olduğunu unutmamalısınız.

7) Balık ve iyi yağların tüketimini artırın

* Kabuklular hariç tüm deniz ürünleri iyidir.
*Yemek pişirmede zeytinyağını, ayçiçek ve mısır yağına tercih edin.

8) Akşam yemeğinizi doğru seçin

*bel bölgesini inceltmek isteyen birinin yapacağı ilk şey erken saatte karbonhidratsız akşam yemeğidir.

9) Doğru kalsiyum kaynaklarını öğrenin

Salatalık: 25 ml/gr
Marul: 35 ml/gr
Nohut: 150 ml/gr

10) Alkali yapan besinleri öğrenin

*Market ve bakkallarda paketlenmiş halde satılan ürünler yerine pazardan taze alışveriş yapın.

Bu 10 maddeyle ilgili ayrıntılı bilgileri ALKALİ DİYET'in 8. bölümünde bulabilirsiniz.